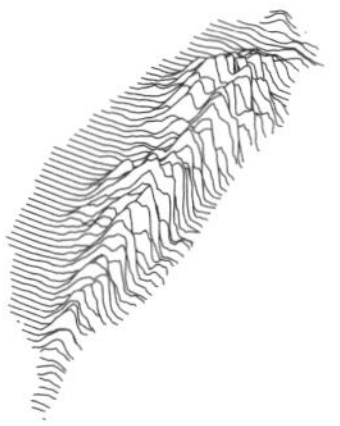

穿越臺灣趣歷史

從猛獁象到斯卡羅，考古最在地的臺灣史

賴祥蔚——編著

序

很多人都喜歡追劇、看戲，也喜歡看小說。看得多了，不免感嘆一些戲劇以及小說的劇情，常常不如預期。

相較之下，有許許多多的真實歷史，比戲劇與小說還要傳奇，根本可以直接拿來當劇本材料，以供拍出好戲。

臺灣發生的歷史，就充滿了可以拍出好戲的真實傳奇。

教科書裡面的歷史，往往負擔了太多的使命，所以未必好看。如果要背誦用來應付考試，更會讓學生覺得失去興趣。

什麼是歷史？歷史其實就是我們的父母、祖父母曾經走過的悠悠歲月，就是腳底下這片土地在滄海桑田中的奇妙變遷。

幾千年以來，人類社會頻頻戰亂、飽經災荒。如今活著的每一個人，都是大時代災難之後的倖存者。機率之低，想起來太神奇。

多年前在《樂觀就會成功》一書寫下家庭故事，後來得知父親老家江西會昌的宗祠族譜清楚記載著：一世祖是三百多年前的康熙年間，從廣東梅縣遷移而來。想要往前再回溯，梅縣宗族凋零，難以追尋。

母親祖先世世代代居於碧潭旁，沒有族譜，戶籍謄本能回溯到外高祖父，是開墾灣潭的泉州三姓之中的王姓，距今大約兩百年，再往前就難以追查了。

回首歷史長河，自己的祖先可能來自哪裡呢？這真是一個有趣而難以解答的大哉問。過去重視父系族譜，尋祖只看父系一線，這種單線思考，其實不正確。

如果把二十年算為一代，三百年就有十五代，每一代各有父、母各一人，所以一般情況之下，上推五代，則在該個世代有祖先三十二人，上推十四代則在該個世代有祖先一六三八四人。

依此推理，從西元二〇二一年往前推，三百年前，那是清朝康熙六十年、西元一七二一年，每一位現代人在那時都有一六三八四位祖先。

想像一下，三百年前有一六三八四個人，男女各半，一代又一代傳宗接代，最後才有了我們這一代。這麼多人不但要躲過天災人禍，還要巧妙相遇並且結合生育，過程之中，只要有任何一個人發生狀況，我們或許就不會出現在這個世界上。

這一六三八四個人會來自何方呢？在安定的農業社會，範圍或許不出方圓百里，如果遇上了大時代的戰亂與遷移，那就充滿想像空間了。機緣之巧，細思極驚。

這本書能付梓出版也充滿機緣，要感謝的人太多。

閱讀歷史自有樂趣，足以反映真實歷史的文學小說，更是令人喜愛，東方的羅貫中、高陽、孫皓暉與二月河，西方的荷馬、雨果、弗雷特與柯羅思，日本的山崎豐子與司馬遼太郎，作品與典範都影響深遠。

西元二〇一四年開始，因為投入臺灣歷史小說與劇本的寫作，閱讀了大量的臺灣歷史資料，這才發現有太多太多精彩萬分的傳奇歷史，比小說與戲劇更精彩，但是卻一直被忽略。這些歷史，緊密相連著先人走過的歷程與腳下的土地。

先前寫了幾篇歷史小說與電視劇本，也拿過幾次文學獎，一開始是以日治時期臺灣重要人物賴和與蔣渭水為主角。後來發現賴和關注而且同情戴潮春，所以寫了戴潮春的歷史小說，又發現戴潮春固然是賴和口中的一時英豪，但相較之下，平定戴潮春的林文察更是傳奇，因此埋首找資料、研究歷史脈絡，在二〇二〇年出版了十六萬字的長篇歷史小說《台灣血皇帝：血海帝王霧峰林文察》（時報出版）。

書的字數雖然不算少，卻遠遠不足以把已經找到的臺灣歷史資料都納進去。更何況，有些資料雖然有趣，卻與前書主旨無關，不能硬放進去。有感於這些精彩的臺灣歷史不該繼續埋沒，過去幾年持續挖掘臺灣史料，一有機會就整理成一篇篇的文章，在

《聯合報》、《中國時報》、《東森新聞雲》、《NOWnews》、《醒報》、《愛傳媒》、《東方日報》、《奔騰思潮》、《風傳媒》等媒體發表。除了自己寫作，陸續寫成的初稿也供賴御文、吳思賢、陳冠宇、林可妮等撰寫新聞，廣為分享。如今重新整理，才能匯聚成這本十三萬字的書。具有校稿天賦的 Ling 同學糾出許多錯誤又建議書名，惠我良多。一路走來，滿滿感謝。

「臺」的簡體字不是「台」，但是日治時期多用「台」字，通用至今。書中使用「臺」字，相關名詞如原本就用「台」字，仍依原字。

本書試著跟讀者一起穿越臺灣歷史，享受奇趣。野人獻曝難免謬誤，歡迎多多指正。臺灣史還有許多值得挖掘重現的寶藏、足以成為寫作與拍戲的好題材。多位先進鼓勵探究臺灣史，不吝推薦本書，書中內容如有任何錯誤或偏差，責任當然都在作者。

謝謝天上的父親、母親，謝謝一切美好的人、事、物，謝謝天。

目錄

【輯二】

【輯三】

【輯四】

【輯五】

輯一

臺灣發現「恐龍」化石

回到恐龍時代的臺灣，會看見什麼？

美國好萊塢經典電影《侏儸紀公園》帶來恐龍復活的視覺震撼，歷久不衰。恐龍紀元的影像再現，一方面讓人驚嘆於千萬年歷史的浩瀚與多變，另一方面也怵感於人類自稱地球主宰卻始終渺小。

人類能偉大，正在於會用腦、能反思。例如，恐龍為什麼滅絕？就是世人常問的問題。

臺灣過去有恐龍生存過嗎？這也是許多人都曾經感到好奇的問題。

中國大陸在戈壁沙漠發現許多恐龍化石，包括脖子最長的馬門溪龍，因為地層豐富、化石完整，有助於世人研究恐龍的演變。至於鄰近的日本，不但也出土了恐龍化石，而且真的有小學生和國中生發現了恐龍化石，漫畫《哆啦A夢》的相關情節還真不是憑空想像。日本持續挖掘出許多恐龍化石，先前發現以及最近才確認了兩種新的恐龍化石，分別命名為「神威龍」、「伊奘諾的日本龍」。

化石，是證明恐龍等古生物存在的最好證據，可惜的是，臺灣從開始有考古研究到現在，一直沒找到恐龍化石，直到西元二〇二一年終於有了重大突破。儘管這個科學上的突破，可能跟很多人的預期非常不一樣。

恐龍可以分成陸地跑的、天上飛的。最新的古生物學術名詞是區分為「非鳥類恐龍」與「鳥類恐龍」。有人可能會問：恐龍沒有水中游的嗎？還真的沒有。滄龍等「龍」經常被認為是「水中恐龍」，但其實是和恐龍這種「主龍類」完全不同類別的「鱗龍類」。

恐龍可能在兩億年前的三疊紀就已出現，在侏羅紀時稱霸地球長達一億多年，然後大約在六千六百萬年前的白堊紀上演恐龍大滅絕。

一般民眾知道非鳥類恐龍早就已經滅絕，例如暴龍等凶猛巨獸。科學家推估，非鳥類恐龍應該完全滅絕了，這個時間點從地質年代來看，是中生代正要結束、新生代才剛開始的交界。不過一般人可能不知道，鳥類恐龍的演化還一直持續到今天。

當代的西方科學家普遍相信鳥類的祖先就是恐龍。依此而論，我們平常看到的大小鳥類都是恐龍的後代。全世界目前已知有八千六百多種鳥類，臺灣則有超過六百多種鳥類。既然鳥類是恐龍的後代，連生活中常見的小麻雀也是恐龍後代，當然可以推論在臺灣不難找到鳥類恐龍一路演化的後代以及化石，只是型態到底是比較像恐龍還是像鳥，程度有差而已。

陸地的非鳥類恐龍已經滅絕，鳥類恐龍則是鳥的祖先。至於前述的滄龍等鱗龍，則是蜥蜴與蛇的祖先，不是恐龍一族。科學家估計在一億多年的歷史中，存在過大約一千種不同恐龍，有大有小，但是沒有水生恐龍。

臺灣從日治時期就開始尋找化石，最知名的是台北帝國大學（現在臺灣大學的前身）的地質學教授早坂一郎，他在臺灣找到很多古生物的化石，但是從當時到現在，儘管考古學家們前仆後繼，卻始終沒有在臺灣找到恐龍化石，即使是鳥類的古生物化石也一直沒有找到。直到西元二〇二一年。

西元二〇二一年，臺灣大學生命科學系的助理教授蔡政修在國際期刊發表了論文，證實了化石捐贈者侯立仁二十多年前在臺南找到的一小塊古生物化石，就是地質時代更新世時期鳥類古生物所遺留的「跗蹠骨」（小腿骨）化石，估計原本生存在距今八十萬年前到二十萬年前之間。

這塊古生物跗蹠骨化石的長度約二公分、寬度約一公分，其實不算大，推估原本的大小應該只略大於現在的鳥類，以尺寸來看，比起想像中的鳥類恐龍真是遠遠不如。當然，在考古的學術發現上還是具有非常重大的意義。

鳥類果真是從鳥類恐龍演變而來嗎？在多大程度上，鳥類的古生物化石可以看成鳥類恐龍化石？從鳥類恐龍變成鳥類，其間到底怎麼劃分，那是古生物科學家的研究課題。事實上，要怎麼定義恐龍，科學界一直都有辯論，也經常推翻先前的定義。

可以確定的是，根據地層研究，臺灣應該不會有暴龍這類生活在地上的非鳥類恐龍，也不會有他們的化石。這是因為臺灣島浮出海面的時間，根據推估大約是在六五〇萬年前，但是科學家認為非鳥類恐龍早在六千六百萬年前就完全滅絕。臺灣登上舞臺的時間遠比陸地恐龍滅絕的時間晚，所以非鳥類恐龍的化石不可能在臺灣出土，除非是鄰近大陸地區的恐龍化石被沖刷而漂流到臺灣，但是這個可能性不會太高，因為即使是大陸沿海的福建與廣東等省份，至今也沒有發現非鳥類恐龍的化石。如果臺灣有「哆啦A夢」的「任意門」，可別穿越到恐龍時代，因為一開門就會掉到海裡——六千六百萬年前臺灣還沒浮出來。

南臺灣有化石重鎮，相較於此，北臺灣目前已知的古生物化石出土地點不少，包括新北市的林口、汐止、八里、新店、樹林及三峽；還有基隆市山區，以及桃園市的大溪、復興以及龜山。

最值得一提的是新北市林口區的海邊，不只有古生物的化石，還發現了史前人類的文物。人類歷史久遠雖然比不上古生物，但是更有意義。「下罟坑遺址」的石器、陶片等文物，疑似是舊石器時代的遺物，距今超過七千年，僅次於臺東的長濱文化遺址。目前臺灣考古發現的人類文物，多數都屬於新石器時代。

其他比較為人所知的化石地點包括基隆市的八堵山，主要為海膽化石；新北市汐止山區也是以海相化石為主；桃園市大溪的大漢溪河畔，主要以螃蟹的古生物化石為主。

再呈現一下簡單的歷史排序：非鳥類恐龍在六千六百萬年前滅絕、臺灣在六五〇萬年前浮出海面、臺灣目前找到的古生物化石年代大約是一百萬年前到數萬年前，至於臺灣找到的文物化石，大概是五萬年前至一萬年前，人類化石目前找到最早的是五千年前。

唐朝詩人李紳寫了一首著名的〈憫農詩〉悲憐農民之苦，詩句有云：「誰知盤中飧，粒粒皆辛苦。」想起鳥類恐龍的演變，不由得感嘆起昔日地球霸主歷經演化後的下場：「方知盤中雞，祖先皆霸主。」

走在臺灣的溪邊，看見土地表層有一片黑色橫紋的鞋底，多數人大概都不會特別注意。誰能想到，那不是被廢棄的鞋底，而是距今二百萬至一六〇萬年前的猛獁象臼齒化石。專家推測，這頭猛獁象還是一頭尚未斷奶的幼象。

臺灣的考古研究是從日治時期才大規模開始，尤其是明治三〇年、西元一八九七年粟野博之丞在圓山撿到石器，頓時引起考古界的大關注；伊能嘉矩和宮村榮一等研究者接著也來到圓山，又發現了貝塚；鳥居龍藏則在圓山發現了大量的石斧、陶器以及骨器等。

圓山遺址的發現，成為臺灣考古學的開端，日治時期開始的考古傳承，後來由臺灣大學考古學系延續。臺大考古學系現在已改名為人類學系。

臺南的菜寮溪流域，則是臺灣古生物考古界的聖地，可能是因地層構造特殊，河床上就散佈了化石。早在昭和六年、西元一九三一年就首次發現化石，台北帝國大學的地質學教授早坂一郎在進行地質調查研究時，在臺南的菜寮溪流域採集到許多鹿角化石。

民國五十九年、西元一九七〇年，有喜愛考古的民眾在尋寶時竟發現了人類化石，引來考古人員再次前來發掘，又找到了位於左鎮的動物群化石，挖出的寶物太驚人。現在的左鎮化石園區收藏了臺灣猛獁象、劍齒象、古鹿、鱷魚、貝類等古生物化石。臺灣猛獁象是猛獁象的亞種，體型略小，高度推估大約只有三公尺，不如猛獁象約有五公尺高。

考古不只是學院的專業，臺灣民間也有人全心投入。本名林景文的林館長，在化石界與南臺灣相當出名，他蒐集臺灣的化石已經三十多年，收集到許多珍貴的化石，種類多、品相也完整。

林館長收集的臺灣化石中，有許多螃蟹化石，其中有上看百萬年歷史的梭子蟹化石，非常完整而清楚，放眼全世界也未必有更理想的梭子蟹化石。

林館長年輕時偶然接觸到化石，就深深被這種經過長久時間與奇妙地質作用而產生的大自然藝術品吸引，後來到了恆春，發現當地化石的種類多而且密集，品質也非常好，就這麼留在了恆春，轉眼已經十多年了。恆春的地質年代大約有幾十萬年，發現了許多螃蟹、貝類等海洋生物化石，也有大象、馬、牛、鹿等陸地生物化石，年代應該是更新世，距今時間可能以百萬年計。

不只恆春，臺灣很多地方都發現有古象化石，可見臺灣本來就有原生的大型陸地生物，有考古學者推論出冰河時期臺灣可能和大陸相連。臺灣浮出海面的時間推估是六五〇萬年前，而最近的一次冰河時期是第四紀冰河時期，大約存在於二五〇萬年前。

現有的研究推論在更新世的中後期，在距今兩百萬年前到大約一萬年前，臺灣海峽可能最少有一次以上出現可供通行的陸地，可供生物穿越。更新世的後期又遇上冰河期，造成海水多次升降，每逢海水下降超過一百公尺，就會出現陸地並與大陸相連，學界稱之為「臺灣陸橋」。

雖然化石的遍布很廣，但是要採集化石還是有訣竅，除了要選對地點，還要選對時間。經常大方分享化石尋寶收穫的林館長，平常會利用大豪雨或是颱風天這種天氣，前往恆春半島西臺地的頭溝溪、後灣溪、四溝溪等郊區去採集，這是因為恆春山壁的岩石經過了大雨沖刷之後，很容易有化石被沖刷出來，所以他不必像一般人印象中的考古工作，要深入山裡面、滿身塵土、拼命挖洞，而是前往溪邊直接採集。

林館長不是學院派，他自力採集研究臺灣化石，也打造化石自然園區，把成果分享給眾人欣賞，只希望能分享無比珍貴的臺灣化石資產。

臺灣因為浮上海面的時間只有六五〇萬年，沒趕上六千六百萬年前已經滅絕的非鳥類恐龍，不過還是可以發現距今一、兩百萬年前的巨獸化石，其中就包括了臺灣猛獁象。每隔一段時間，都有素人找到珍貴化石的新聞，最近一次發現臺灣猛獁象化石是二〇〇七年，山線社區大學石頭班的成員在大甲溪的石岡段，居然找到了前述的臺灣猛獁象臼齒化石。

想想看，間隔百萬年的相遇在臺灣上演，這真是浪漫的奇緣。

如果要遇見第一位出現在臺灣的人，我們該回到多久以前？四〇〇年？五千年？還是超驚奇的四十五萬年？

如果把曾經生活在這片土地上的人類都算進去，答案可能超出常識。

日治時期發現的圓山文化遺址，距今大約四千五百年前至二千年前，包括了許多不同時期的考古文物，最有名的是圓山貝塚，也有巴圖石器，西元一九五三年挖出下層另有文物，西元一九九〇年之後確認該處遺址包含許多不同時期的文物，與先前在其他地方出土的文物互有關聯。其中的巴圖文化文物，距今大約二五〇〇年前至一八〇〇年前，被認為跟紐西蘭的毛利族文化之間可能有關聯。

臺灣考古發現的最早人類化石，是「大坌坑文化」，其中最久遠的是西元二〇〇〇年在南科挖掘出土的人類化石，距今大約五千年前。大坌坑文化最早是在新北市觀音山的大坌坑發現，先民在此開墾時就經常挖出骨骸，還蓋了小廟祭祀，西元一九六四年臺灣大學考古學系在此挖掘出大量遺物，確認文物距今大約七千年前至四千五百年前，屬於繩紋陶文化，人類化石距今大約四千八百年前，屬於新石器時代，因發現地而命名為「大坌坑文化」。後來各地陸續發現大坌坑文化的文物，例如圓山文化遺址在一九九〇年也發現含有大坌坑文化的文物；西元二〇〇三年在臺中發現的安和遺址也屬於大坌坑文化，人類化石距今四千八百年前至四千年前。

臺灣在一九七〇年代陸續在臺南的左鎮發現人類化石，被稱為「左鎮人」。當時的考古學家一度用氟、錳計量測量法，推定年代距今三萬年前至兩萬年前。儘管有人存疑，仍被寫入教科書。直到西元二〇一五年採用最先進的「碳14定年法」，才確認左鎮人距今只有大約三千年。

廣義來看，目前在臺灣發現的最早期人類化石，是西元二〇〇八年找到的「澎湖原人」化石，這是舊石器時代初期的人類，屬於直立人，距今大約四十五萬年前至十九萬年前，這也是目前臺灣發現最古老的人類化石。不過澎湖原人不是從地層考古挖出，而是在澎湖海邊發現，所以還沒有確切證據判定這一定是臺灣人。

澎湖原人屬於「直立人」，所有的直立人後來都走上了滅絕之路，不是現代人的祖先。現代人是大約二十萬年前演化出現的「智人」後裔。人類學家認為智人大約在八萬多年前從非洲向世界遷移，於是有了現代人。

臺東海邊的長濱文化，距今大約五萬年至一萬五千年，推估直到五千多年前才消失。西元一九六九年命名的長濱文化遺址，雖然發現了許多史前文物，但是沒有發現當時人類的化石。中央研究院院士臧振華認為，智人距今八萬多年前從非洲出走的大遷移，到了大約六萬年前在亞洲進一步擴散，其中包括渡海北上，長濱文化有可能是人類此時遷徙的一環。長濱文化是目前在臺灣本島發現的最久遠人類遺址，不過從文物來看，長濱文化與後來臺灣的其他史前文化，推估都沒有可連繫的關係。

西元二〇一一年在馬祖發現了亮島人的化石，距今八千年前，因地理距離遙遠，比較少列入臺灣的討論。

林口、八里海岸地區的地表和水下，在西元一九九七年發現了「下罟坑遺址」的石器、陶片等文物，可能是舊石器時代的遺物，距今超過七千年。臺灣的舊石器時代考古發現很少，可惜這個遺址不知道層位，難以確認。

在此之前，空軍在西元一九五五年飛行於八里上空，羅盤感應到下方有異常，推論是有鐵礦，兩年後研究人員在當地發現許多鐵塊與鐵渣，確認這是古代土法煉鐵的遺物，距今大約二千年至四百年前，當地因有十三行村的別名，故稱為「十三行遺址」。此一遺址的先民，是不是臺灣原住民的祖先？目前還沒定論。

西元一九九五年為了建設臺南科學園區而開挖土地，發現了大量古代人類遺骸和文物，而且有好幾處不同時期的文物，統稱為「南科遺址」，從大坌坑文化、牛稠子文化（距今大約四千年至三千年）、大湖文化（距今大約三千三百年至一千八百年）、蔦松文化（距今大約一千八百年至五百年）到平埔族原住民的西拉雅文化都有。其中的蔦松文化，可能跟平埔族的西拉雅族之間有傳承關係。

中研院研究員劉益昌推估，距今五萬年前，已經有人類在臺灣島活動，八仙洞遺址、伯公壟遺址都足以佐證史前人類的存在，只差沒有發現人類化石。依照考古推論的年代排序，曾經在臺灣生活的人類文化包括了：長濱文化（大約五萬年至五千多年前）、大坌坑文化（大約七千年至四千五百年前）、牛稠子文化（大約四千年至三千年前）、大湖文化（大約三千三百年至一千八百年前）、左鎮人（距今大約三百年前）、巴圖文化（距今大約二千五百年至一千八百年前）。

早期的臺灣人類從何而來，學界看法不一，基本上共通點是接受有許多波移民，但是來源是中國大陸還是南島？跟現在的臺灣原住民有沒有關聯？目前還沒有定論。

中研院研究員劉益昌推論，新石器時代早期的大坌坑文化，當時人類可能是從中國大陸沿海地區搭船到臺灣，登陸地點在北部的淡水與八里，或是南部的臺南附近。當時因為海平面下降，臺灣與中國大陸沿海相連，人類可以走路相通；經過大約兩千年的演化，大坌坑文化的人類在臺灣逐漸擴散，形成新石器時代中期的繩紋紅陶文化。在此同時，雖然臺灣海峽又被海水淹沒，仍有圓山文化的人類從對岸搭船到達臺灣。不過也有學者認為，現在還生存在這塊寶島上的臺灣人，最久只能回溯到大約二千年前的十三行遺址或是蔦松文化，其他考古發現的更早人類，跟現在的臺灣人可能沒有直接關聯。

臺灣在過去數千年，曾經有過許多不同種族的原住民，跟現在的原住民可能沒有傳承關係。早先的原住民不知從何而來，也不知為何消失。多虧了後來發現的石器，才確認了早先原住民的真實存在。在出土的石器之中，有一種被命名為「巴圖石器」，這是圓山文化的一環，距今大約二千五百年至一千八百年前，石器等文物跟紐西蘭的毛利族之間可能有相關性。

臺灣出土圓山文化石器的地方相當多，臺北、臺中、臺南與嘉義都曾發現。不只臺灣，對岸的福建也有。

臺灣的巴圖石器最早是在昭和三年、西元一九二八年發現，當時台北帝國大學在文山地區整地，挖出了石器，日本學者移川子之藏將之命名為巴圖石器，發現地則被稱為十五份遺址。遺憾的是，研究者後繼無人，後來連十五份遺址的確切地點資訊竟然也沒有保留下來。直到西元二〇〇六年，有民眾在臺北市挖土種樹時，竟然發現了多件石器，因而推論當地就是傳說中的十五份遺址，確切地點是現在的文山景美運動公園，目前設有十五份遺址紀念碑。

板橋曾經發現「巴圖石器」，那是民國五十年、西元一九六一年，板橋民眾林再清因為建屋開掘地基，赫然發現地底下有一塊「奇石」，這塊奇石一看就是被人工加工打磨過，全長二十七公分，最寬的地方在刃端大約八．八公分，最厚的地方在柄部大約三至四公分，柄部的全長大約有八．四公分，柄部以下是整齊的刀刃狀，呈現大弧形。後來考古學者確認這是一件巴圖文化的「鑰匙形石斧」，應該屬於圓山文化的文物的一環，該地因此被考古學者稱為「新埔遺址」，具體位置大概在文化路、漢生東路交界的東南方大約五十公尺。

臺灣出土的巴圖文化石器，被認為與紐西蘭的毛利族頗有相似，有研究者推論兩者之間可能有相關，有待進一步研究。

巴圖石器留下許多謎團，讓人好奇這些石器究竟是武器？是藝術品？還是祭祀時使用的禮器？更讓人好奇的是，各地都留下了不少石器，那麼當初費心打磨這些石器的人到哪裡去了呢？如果是遷走，應該來得及帶走精美製造、體積又不算大的石器才對，如果當時的許多人都一樣連石器也來不及帶走，那會是發生了什麼天災嗎？或是遇到其他族群侵入地盤的人禍呢？

至於位於板橋的新埔遺址，也留下了兩個謎團：第一個謎團是石器的發現地還有多少文物？以往每次發現古文物，附近一定可以有更多考古發現，但當地是大樓地基，發現石器後沒有進行後續開挖，所以除了已經出土的石斧以外，現場並未發現其他史前文物，到底還有多少巴圖文化的文物埋在板橋的地底下，不免令人好奇，可惜無解。第二個謎團則是，雖然出土了一件珍貴的石斧文物，但是卻已經遺失，當初究竟是怎麼遺失的？最可能的下落又在何處？這些如今都成了待解的謎團。

公共電視在西元二〇二一年推出的旗艦大戲《斯卡羅》，是由陳耀昌教授的原著小說《傀儡花》改編而成。這齣戲引起很多關注，值得討論。

在真實的歷史上，同治六年、西元一八六七年屏東海邊發生美國商船擱淺、船員被原住民殺害的「羅妹號事件」，此一事件間接造成了同治十三年、西元一八七四年的「牡丹社事件」，日本出兵臺灣。牡丹社事件促成臺灣在光緒十三年、西元一八八七年建省，但是八年後就被割讓給日本了。

牡丹社事件的關鍵是琉球（今沖繩）。由於琉球與臺灣的位置都是在中國大陸以東、日本以南、菲律賓以北，過去臺灣常被誤以為是琉球，也曾經直接就被稱為小琉球。不只臺灣，西班牙人在大航海時代也把菲律賓當成小琉球。

現在的臺灣人一定不能了解，明明臺灣的面積比琉球大很多，怎麼會被誤以為是琉球呢？又怎麼會被稱為小琉球呢？

琉球面積大約三五一二平方公里，不到臺灣的十分之一，臺灣面積為三萬六千平方公里，也不到日本的十分之一，日本面積為三十七萬多平方公里。

琉球面積有幾種不同計算，因為原本的琉球群島現在分成三大群島，由北到南為奄美、沖繩、先島，沖繩群島面積為一四一九平方公里，沖繩本島面積為一二〇六平方公里，但是沖繩縣因為包括先島群島，共有二二八一平方公里；至於劃歸鹿兒島縣的奄美群島面積為一二三一平方公里，合計三五一二平方公里。更廣義的琉球群島還包括了大隅群島與釣魚臺等島嶼，面積大約四六四二平方公里。

臺灣竟然會被稱為小琉球，被看成比琉球還小，最主要的原因，是琉球早就有獨立王國，也因此更早踏上世界舞臺。

琉球有文字記載的歷史相當悠久，最遲在十三世紀已經有王國存在，當時中國是由蒙古人統治，屬於元朝。

琉球後來進入了「三王國時代」，三個王國在明朝時陸續前來朝貢，正是因為明朝熟悉了琉球，所以用小琉球來稱呼當時還不太熟悉的臺灣，有時也用大灣、大員或是臺員的稱呼，到了明朝晚期才出現臺灣的稱呼。清朝康熙二十三年、西元一六八四年擔任第一任諸羅知縣的季麒光，在其著作《蓉州文稿》記載，萬曆年間「海寇顏思齊踞有其地，鄭芝龍附之，始稱臺灣」。

日本戰國時期結束後，德川家康在西元一六〇九年允許薩摩藩派兵入侵琉球，國王兵敗被俘，王國從此失去自主權，已經名存實亡，但是對中國保密，形式上還是繼續向明朝與清朝朝貢，此後兩百多年，明、清都不知道琉球王國已經受日本的實際統治。

到了西元一八七一年，琉球被日本編入鹿兒島縣，這一年有琉球船隻在臺灣屏東擱淺，船員被殺。隔年，西元一八七二年琉球國被改設為琉球藩，日本向清朝提出琉球船隻事件的賠償請求，這才衍生出兩年後的牡丹社事件。西元一八七九年，日本正式兼併琉球，廢除琉球藩，設立沖繩縣。

琉球王國在十七世紀初期被日本打敗並控制的時候，人口大概十萬人；到了十九世紀末期被兼併前，人口接近三十萬人。目前沖繩縣的人口將近一四八萬。

相較來看，面積比琉球大十倍的臺灣，在十七世紀以前一直停留在部落階段，只有人口通常不到一千人的原住民部落，統治型態為比較原始的酋長制，最多只有鬆散的部落聯盟，沒有實際統治全島的政權，也沒有出現真正的王國。當時中臺灣有所謂「大肚王國」，大約統轄一、二十個社，屬於聯盟性質，可退出，所以數目會變化，每社三十到五十戶，人口數千人；洋人以 King 稱其酋長，臺灣人也稱番王。

真正開始治理臺灣的國家應該是西元一六二四年到來的尼德蘭（臺灣人到今天都一直以為這個國家的國名叫荷蘭，其實荷蘭只是尼德蘭的省，最有名的省），到了西元一六六二年鄭成功趕走荷蘭人，臺灣才正式進入中國版圖，從此中國才真正認識臺灣，不再常搞不清楚這個東方之島。先前的朝代史書雖然提到夷洲、琉球或是小琉球，往往語焉不詳，難以就此推論已經納入版圖。就此而論，「臺灣自古就是中國領土」的說法，只能推算到明朝末年。

十七世紀初期，琉球王國因為兵敗而失去自主權的時候，臺灣還在原始部落階段；荷蘭人來了之後，因為要開徵人頭稅而統計人口，西元一六六一年漢人有二萬七千五百人，原住民大約五萬，總人口比當時的琉球王國還要少。明鄭統治臺灣的晚期，原住民人口沒有增加，反而是漢人增加到了超過十萬人，已經接近琉球。到了十九世紀晚期，臺灣被割讓給日本之前，人口已超過二五四萬人。

臺灣進入現代文明，從十七世紀才開始，這也是為什麼在此之前，會被認為是琉球或小琉球。不過即使到了十九、二十世紀，臺灣都不算真正進入世界舞臺，即使後來日本統治了臺灣，但當時許多日本公民以為居民都是高砂族的原住民。明治四十五年、西元一九一二年，總督府為了方便管理到東京留學的臺灣學生，設置集體宿舍，名稱就叫「高砂寮」。日本官方常把臺灣稱為高砂，其他國家怎麼看待臺灣可以想見。

臺灣先前在明鄭、清朝與日本總督府的治理之下，雖然有明顯的發展，始終不脫邊陲地位。明鄭五十多年歷史，但多數時間都是以廈門為軍政中樞。直到國共內戰之後，中華民國政府撤退來臺，臺灣才漸漸擺脫邊陲色彩。

相較之下，琉球已經成為歷史名詞，只剩沖繩。當地的原有習俗風獅爺，跟金門如出一轍，可見淵源深厚。琉球王族後裔至今猶存，琉球語正在逐漸失傳，雖然有人一直推動「琉球獨立運動」，可惜迴響有限，畢竟日本已控制四百多年、設縣也一百多年了，沖繩縣的人口與建設都有大幅發展，儘管從此只能是日本的邊陲一縣。

日本在沖繩推行日語，二十世紀初期曾使用「方言札」，學生在校講方言，就要掛著處罰的牌子，找到另一個講方言的學生才能拿下牌子換人戴。臺灣對這種處罰應該很熟悉，因為在日治時期就有這種處罰，昭和十二年、西元一九三七年推行皇民化運動，禁止方言、漢文，在學校講了就會被罰。一名一九三五年出生的江阿嬤提起日治時期在學校講台語，會被處罰掛上「我不說方言」的牌子。這就是「方言札」，俗稱「狗牌」。這種做法，中華民國政府遷臺之後還繼續。

最早原民記載曾消失數百年

最早的臺灣原住民記載寫於萬曆三十一年、西元一六〇三年。後來卻一度失傳，直到三百多年後的西元一九五五年才又出現。

這是明朝官員、學者、旅行家陳第寫的〈東番記〉，是作者親自來到臺灣的第一篇詳細遊記，留下珍貴的原住民考察記載。

萬曆三十年、西元一六〇二年，六十二歲的陳第隨著沈有容將軍來臺，擊敗在此欺凌原住民的倭寇海盜，受到原住民歡迎。隔年，陳第寫下詳細的見聞〈東番記〉。當時臺灣的漢人非常少，具體情況不詳。再過十九年，西元一六二一年，顏思齊才會帶著鄭芝龍等人來到臺灣。然後再過三年，西元一六二四年，沈有容將軍口中的「紅毛番」、曾經在一六〇四年被他從澎湖趕走的荷蘭人，才會到臺灣來。

陳第，明朝嘉靖二十年、西元一五四一年生於福建，早年講學、壯年從戎十年，官至游擊將軍署參將，後來因為拒絕官商勾結而去職，隱居治學十五年，成為古音學的專家，五十七歲開始旅行，直到七十七歲逝世。

陳第的〈東番記〉寫成以後，很長時間沒有能夠流傳，只剩下篇名，至於全文的內容，在清代幾乎都沒有人見過，甚至被誤以為作者另有他人，直到歷史學者方豪神父努力追尋，西元一九五五年終於在東京大學藏書找到沈有容編輯的《閩海贈言》，從裡面找出被遺忘了三百多年的陳第〈東番記〉原文，一共一四三八字。對臺灣極具意義的文稿可以失而復得，意義非凡。周婉窈教授對陳第的這篇文章有專文註解，並且說明了〈東番記〉重新被看見的來龍去脈。

陳第在萬曆三十年的年底來臺，剛好從西元一六〇二年跨到了西元一六〇三年，停留二十一天，跟原住民多有接觸，不久後留下了非常珍貴的寫實紀錄，提及原住民是母系社會等部落的面向，這是全世界對臺灣原住民最早的第一手民族誌文字記錄，他記載的東番地名，包括魍港、大員、小淡水，大概是今天嘉義布袋、臺南及高雄一帶。

當時在臺灣的海盜是不是只有日本人，令人好奇，因為在明朝嘉靖初年，來自福建漳州詔安的海盜吳平，就已經跟日本的海盜常有合作。吳平被俞大猷和戚繼光打敗逃往安南（今越南）之後，其潮州同夥林道乾就跟日本海盜一路逃到臺灣躲藏，留下不少民間傳說。當時俞大猷只追到澎湖附近而止。據傳林道乾後來又逃往南洋，後來在當地經商有成，至今泰國華僑還有人把林道乾當成英雄，並且以道乾港稱呼當地港口。

明朝苦於倭寇侵擾，其實也反映出當時海上交通已經不算罕見，除了漁民出海捕撈，貿易商船也常來往南洋等地區。民間的海路貿易，早在宋朝就已經盛行，泉州港就是主要港口。漢人偶或來到臺灣不足為奇，也開始在搭屋居住，形成小村落。

由於明朝限制外人前來通商，臺灣遂成為貿易的海外交易地點之一，明朝天啟四年、西元一六二四年，荷蘭人（應該稱尼德蘭人）被明朝從澎湖趕走，來到臺灣，在此建築熱蘭遮城，還對來此貿易的各國商人課稅，為此還跟日本發生衝突。西班牙擔心貿易利益受損，在西元一六二六年後佔據社寮島（今基隆和平島）建築聖薩爾瓦多城；當時附近已有漢人的小村落；西元一六二九年又在淡水建築了聖多明哥城。西元一六四二年，西班牙人被荷蘭人武力驅離臺灣。

陳第可以與原住民詳細訪談，由此可以看出當時一定有人可以協助在漢語與原住民語之間翻譯，這也間接證實了漢人與臺灣的原住民之間，應該早就有了相當頻繁的互動，只是沒有留下可供參考的記載而已。

第一位從大陸沿海移民到臺灣的漢人到底是發生在何時，恐怕已經找不到確實的答案。這是因為幾百年前搭乘帆船橫渡臺灣海峽，只要一、兩天的時間，雖然有風險，難度卻不算太高。在那個大航海年代，歐洲各國都已經遠渡重洋到美洲與亞洲了，福建先民雖然船隻比較簡陋，但是要橫渡最短距離只有一三〇公里的臺灣海峽，應該不會被難倒。

從歷史記載來看，史上首次出現超過萬名漢人一起來臺的大規模移民，應該是發生在明朝崇禎年間，主事者則是鄭成功的父親鄭芝龍，移民來臺的主要地點在今天的臺南與嘉義。

在鄭芝龍引領大量移民到來之前，臺灣已經有漢人陸續前來，其中最有名的是帶領鄭芝龍來臺的顏思齊，前前後後留在臺灣的人數累積了不少，估計應該有幾千人。以往漢人移民來臺的累加人數，可能還不如鄭芝龍這一次。

根據明朝末年知名大學者黃宗羲撰寫的《賜姓始末》，文中記載崇禎年間福建大旱，巡撫熊文燦採納鄭芝龍的建議，讓他運了數萬名災民到臺灣。

《賜姓始末》這段記載的原文如下：「臺灣者，海中荒島也。崇禎間，熊文燦撫閩，值大旱，民饑，上下無策；文燦向芝龍謀之。芝龍曰：『公第聽某所為』；文燦曰：『諾』。乃招饑民數萬人，人給銀三兩，三人給牛一頭，用海船載至臺灣，令其芟舍開墾荒土為田。」

賜姓是指鄭成功，他被賜姓朱，朱為明朝國姓，所以臺灣民間至今仍普遍尊稱鄭成功為國姓爺。

黃宗羲，號梨洲，世稱南雷先生或梨洲先生，生於西元一六一〇年，卒於西元一六九五年，跨越整個崇禎統治時期（崇禎元年、西元一六二八年至崇禎十六年、西元一六四四年）。前述事蹟發生時，黃宗羲已經成年，治學嚴謹的他，記載的可信度很高。

有文獻指出，這批渡海來臺的福建災民「赴臺灣開墾荒地。前面一到三年不收田租，第四年開始徵收田租……。所結村社有九座。」九莊分布於八掌溪兩岸，主要在今天的臺南與嘉義，包括在溪南的汫水莊（今臺南市鹽水區汫水里）、大奎璧莊（今鹽水區市街）、下茄苳莊（今臺南市後壁區嘉苳里）；在溪北則有大坵田莊（今嘉義縣布袋鎮見龍里）、鹿仔草莊（今嘉義縣鹿草鄉鹿草村）、龜佛山莊（今嘉義縣鹿草鄉竹山村）、南勢竹莊（今嘉義縣朴子市南竹里）、大小槺榔莊（今嘉義縣朴子市大葛里）、以及龜仔港莊（今嘉義縣朴子市順安里）。

儘管如此，仍有人質疑，主要是因為要運送幾萬災民到臺灣談何容易，而且還要「人給銀三兩，三人給牛一頭」，這恐怕不是福建巡撫能做到的。

綜合來看，鄭芝龍運送災民到臺灣應該確有其事，發生的時間則是崇禎元年、西元一六二八年。這時俗稱荷蘭人的尼德蘭人已經在西元一六二四年登陸安平，逐步擴展地盤，但是直到西元一六四五年才實際取得西部原住民的統治權。鄭芝龍帶難民來臺，跟荷蘭人是否有過互動？似乎沒有文獻記載。

福建災民來臺的數量是否多達「數萬人」，扣除灌水後的實際數量或許還有探討的空間，至於「人給銀三兩，三人給牛一頭」的政策有沒有真的落實，也值得進一步考證，畢竟官場文化往往容易誇大以多報功勞、進而從中撈到好處。當年臺灣本來已有原住民，荷蘭人剛從安平登陸不久，接著鄭芝龍帶領漢人跨海移民而來，逐步開墾、跨文化互動，遙想四百年前臺灣景況，真是充滿了畫面感。

地基主信仰連英國也有？

祭拜地基主的習俗在臺灣流傳非常廣，還有人認為這是臺灣平埔族原住民的特有習俗。不過遠在歐洲的英國也有類似的習俗，讓人稱奇。

臺灣對地基主的祭拜，傳統是每逢農曆初二、十六，先在門口祭拜土地公，午後敬奉地基主。不過現代人對祭拜大多已經大幅簡化，只有在除夕、清明、端午、中元、中秋這五大節日，才會在祭拜神明祖先之後，再敬拜地基主，甚至絕大多數的人只有在新居落成、喬遷新家時，或是公司搬遷與工廠動工時，才會祭拜地基主。

祭拜地基主的理由有不少說法，比較常見的是理由，是因為要尊敬當地原有的神靈或是先人，避免因為叨擾而惹怒先前的「居民」。

除了在公司或家裡祭拜地基主，全臺也有很多廟宇可以祭拜地基主，多數是廟宇的配祀，整體來看，新北市的許多廟宇都可以在祭拜主神時也祭拜地基主，可見已經融入臺灣的民間信仰，部分山區也有獨立的地基主小祠；中南部比較常見獨立的地基主小祠，尤其是在嘉義山區。

在北臺灣，許多廟宇都可以祭拜地基主，新北市新莊區的萬應堂配祀地基主，位置就在新海橋的下面、文昌祠旁；新店區知名的寶橋福壽宮、以及永和區的保福宮也都可以祭拜地基主；在淡水區的車埕有地基主小廟，石碇區紙寮坑也有地基主小廟。

臺中的城隍廟有地基主牌位，南屯區則有地基主祠。

中南部祭拜地基主的習俗就更普遍了，南投竹山的地神府、嘉義太保的洪地基主公廟、嘉義中埔的和興廟、嘉義阿里山的地基主廟、臺南市的鷲嶺上帝廟，主要都是祭拜地基主。其中特別值得一提的是，有人認為鷲嶺上帝廟其實是「明拜地基主，暗祀鄭成功」，以免在清朝受到朝廷的干擾；這種假借其他神明名義的祭祀，在日治時期也有類似情況，祭拜的是抗日分子。

針對地基主祭拜，有人認為這是臺灣平埔族獨有的傳統信仰，對於這種說法，撰寫《臺灣島史記》的蔡正元指出，地基主祭拜不是只有出現在臺灣，幾百年前在漳州、泉州就有，而且金門、澎湖也有，但是這些地方沒有平埔族，可見應該不是平埔族的獨有信仰。

其實在英國的威爾斯地區，也就是大不列顛島的西南部，當地的威爾斯人也有類似祭拜地基主的習俗，當然他們不是使用地基主這個稱呼。威爾斯人十八世紀甚至更早之前，在蓋房子時，都會按照習俗殺雞或是將其他祭品埋進地基下，以安撫「地靈」。這種在地基下埋入祭品，或是在壁爐內燒掉獻祭品的習俗。以英國威爾斯為故事背景的知名文學作品《異鄉人》（Outlander），在書中對於當地的祭祀情況有一段詳細的描述，不論是形式或是理由，都跟臺灣對地基主的祭拜有高度的相似性，兩者之間有沒有什麼共同傳承，或者只是單純巧合，令人好奇。

兩、三百年前從福建搭船到臺灣，會有多兇險？

不少人經常提到「十去，六死，三留，一回頭」，用以形容先民渡海來臺的凶險。問題是，這倒底是像「白髮三千丈」的文人誇飾語句，還是具有統計意義的真實數據？

「白髮三千丈」是唐朝大詩人李白的詩句，當時一丈相當於現在的三公尺，三千丈是九千公尺、九公里。詩句透過誇飾，讓人更加印象深刻，但是真實世界裡，除了銜接，否則世界上不太可能有九公里長的白髮。如果誤把誇飾當真，斷言李白的頭髮長達九公里，那他就可能不是地球人了。

「白髮三千丈」當是誇飾無誤，那麼「十去，六死，三留，一回頭」是誇飾還是真實？在清朝要航行通過臺灣海峽，真的有這麼危險嗎？

或許應該先回顧一下航海歷史。

早在唐朝的顯慶六年、西元六六一年，就在廣州創設「市舶使」，以管理當時經常來往於阿拉伯等地的商船。從日本來中國的鑒真和尚，西元七五〇年前往廣州時見到「有婆羅門、波斯、崑崙等船不知其數」。

宋朝更有海上絲綢之路，通往五十八國，最遠已達今天非洲的埃及以及歐洲的義大利，泉州作為通商港口，在宋朝超越廣州，成為世界第一大港以及海上絲綢之路的起點。廖咸浩教授根據文獻資料指出，宋元時期的海洋貿易大盛，中國的商人經常搭船到東南亞各國從事貿易經商，如果錯過季風或是經商考量而必須滯留海外，稱為「住蕃」或「住冬」。

明朝有著名的「鄭和下西洋」，他從永樂三年、西元一四〇五年開始，七次下西洋，最遠航行到非洲的馬達加斯加。至於民間，明朝在形式上雖有海禁，但是漁業從未停止，出海捕魚的漁民非常多，萬曆十七年、西元一五八九年福建巡撫周寀曾經提到「雞籠、淡水，地鄰北港捕魚之處，產無奇貨，水程最近」。來臺捕魚對福建漁民來說「水程最近」，不難得知當時漁民的航海範圍一定更遠。

前立法委員蔡正元撰寫《臺灣島史記》提到，荷蘭人來臺時記載兩岸之間航運頻繁，當時為了向入境者收費，清楚記下了每艘船來臺時的人數，以及其中有多少男、女或是兒童，這些記載也顯示當時有不少女性來臺。

臺灣海峽最危險的水道是「黑水溝」。廣義來說，黑水溝也可以代表臺灣海峽；

但是嚴格來說，黑水溝是指臺灣海峽的特殊長條水道。臺灣海防同知朱景英在乾隆三十七年、西元一七七二年撰寫《海東札記》提到：「俗呼廈門至澎湖為大洋，澎湖至鹿耳門為小洋。由大嶝出洋，海水深碧，或翠色如澱。紅水溝稍赤，黑水溝如墨。更進為淺藍色，近鹿耳門則漸白矣。」不只有黑水溝，還有紅水溝。

臺灣縣知縣薛志亮更在嘉慶十二年、西元一八〇七年的《續修臺灣縣志》提到：「黑水溝為澎、廈分界處，廣約六、七十里，險冠諸海。其深無底，水黑如墨，湍激悍怒，勢如稍窪。」而且補充指出：「黑水溝有二：其在澎湖之西者，廣可八十餘里，為澎廈分界處，水黑如墨，名曰大洋。其在澎湖之東者，廣亦八十餘里，則為臺、澎分界處，名曰小洋。小洋水比大洋更黑，其深無底，大洋風靜時尚可寄椗，小洋則不可寄椗；其險過於大洋。此前輩諸書紀載所未及辨也。」從現代的衛星照片可以看出，臺灣海峽確實有兩條顏色比較深的長條水帶。

西元二〇二一年有男子獨自搭乘長度不到兩公尺的橡皮艇，從福建泉州的石獅市偷渡到臺中，花了十小時。臺中區漁會總幹事接受媒體訪問說，日治時期對岸有人靠著皮球偷渡來臺。真相待查，表達的是偷渡不像外界想的那麼困難。

臺灣海峽最窄之處是從桃園市觀音區到福建平潭之間，大約一三〇公里。現在船運可從八里來往平潭，距離大概一六〇公里。先前為了體驗特別去搭過一次，全程平穩，在船上可隨意自由走動，隨時都能到甲板看海景，航程只要兩個多小時。

大海航行當然會有風險，不可能毫無意外。曾經是全世界最大船舶、號稱「永不沉沒」的英國郵輪「鐵達尼號」，在西元一九一二年的首航就因擦撞冰山而沉沒，全船二二二四人有一五一四人不幸罹難，震驚世界。可見所謂「人定勝天」，只是單方面的期盼。海運存在風險，但是「十去，六死，三留，一回頭」這種說法到底是文學誇飾還是真實統計？或許應該多多考證。

媽祖是臺灣當前人氣最高的神明，在西元二〇一六年有一份網路聲量調查指出，臺灣人最愛拜的神明前三名是大甲鎮瀾宮的「媽祖」、竹山紫南宮的「財神」、以及萬華龍山寺的「觀世音」。

媽祖人氣超高、廟宇也遍及全臺，西元二〇〇三年的統計指出，全臺奉祀媽祖的宮廟多達八〇二間。另一份調查發現，有確切廟史可以考證的媽祖宮廟只有三十九間，其中堪稱古廟的，只有很少是建於明朝，而且真實性還有待進一步考證，至於建於清朝年間的則超過三十間，這跟媽祖信仰在清朝受到朝廷的大力推崇有關，從宋朝到明朝，朝廷給媽祖的封號都是「妃」，到清朝康熙二十三年、西元一六八四年晉封「天后」，後來又列入朝廷祀典。

如果問起全臺第一間媽祖廟到底是哪間，可能不容易確定。包括了臺南「大天后宮」、臺南安平「開臺天后宮」、鹿港「天后宮」，都稱自家才是真正的「臺灣開基媽祖」。

由於先民剛開始興建的廟宇大多比較簡陋，甚至只是請了神像到來，連廟都還沒有興建，相關記載也不詳細，後來往往又經過建廟、擴建或是搬遷，造成年代更難判斷，例如北投關渡宮的建築歷史只能追溯至康熙五十一年、西元一七一二年，但是據稱其媽祖神像是在明朝永曆年間就已請到臺灣。在此只能參考各廟自己認定的年代，至於有沒有確切佐證，還要另外釐清：

彰化縣鹿港天后宮，可追溯至明萬曆十九年、西元一五九一年。

臺北市北投區關渡宮，可追溯至明鄭永曆十五年、西元一六六一年。

臺南市安南區鹿耳門天后宮，可追溯至明鄭永曆十五年、西元一六六一年。

臺南市善化區茄拔天后宮，可追溯至明鄭永曆十五年、西元一六六一年。

臺南市北區開基天后宮，可追溯至明鄭永曆十七年、西元一六六三年。

臺南市中西區大天后宮，可追溯至明鄭永曆十九年、西元一六六五年。

臺南安平區開臺天后宮，可追溯至明鄭永曆二十二年、西元一六六八年。

臺南市下營區茅港尾天后宮，可追溯至明鄭永曆三十一年、西元一六七七年。

從開墾時間的先後來看，如把澎湖列入，臺灣第一座媽祖廟也可能是澎湖的天妃廟，目前最可靠的記載年代是明萬曆三十二年、西元一六〇四年，明朝官員董應舉在信中提到「彭湖港形如葫蘆，上有天妃宮，此沈將軍有容折韋麻郎處也。」可見天妃廟在此之前已經存在。韋麻郎為荷蘭艦隊司令，試圖在澎湖立足，被明朝將領沈有容逼退，事後立有「沈有容諭退紅毛番碑」。石碑一度不為人知，大正八年、西元一九一九年才被重新發現。

金門與馬祖的發展年代比澎湖早，行政上屬於福建省，臺澎金馬本為一體，尤其談到媽祖廟更是如此，可以一併來看。

金門原名浯洲，明朝為了防禦倭寇，在此設立金門守禦所，以求「固若金湯，雄鎮海門」，因而得名。金門的「順濟宮」，是金門第一座媽祖廟，據說建於明朝永曆十五年、西元一六六一年。有人主張此一廟名來自於宋徽宗在宣和五年、西元一一二三年的封贈，推論建廟時間將近九百年。這點可能有待商榷，因為這一年是朝廷頒賜「順濟」給媽祖廟當廟額的年代，等於認可了媽祖信仰的正當性，當時的順濟廟未必等同於金門的順濟廟。

南宋紹定元年、西元一二二八年官員丁伯桂撰寫〈順濟聖妃廟記〉記載：「宣和壬寅，給事路公允迪載書使高麗，中流震風，八舟沉溺，獨公所乘，神降於檣，獲安濟。明年奏於朝，錫廟額曰順濟。」由此可知，賜額順濟不是針對金門的順濟廟。

金門順濟廟的歷史值得考證，可惜原廟在西元二〇一四年已經拆除重建。

至於馬祖，最早名字就是叫「媽祖」，西元一九四九年才被更名為「馬祖」。相傳媽祖當年投海救父，屍身漂至馬祖澳口，被安葬於南竿馬港天后宮。除此之外，鐵板天后宮供奉著十六歲少女容貌的媽祖。馬祖的天后宮頗多，也各有傳奇，只可惜確切的興建年代還有待找到具體佐證。

在臺灣提起「義民」，不少人都以為這是客家人的信仰。回顧史實，其實義民信仰跨越族群，是後來的演變，才讓人誤以為義民信仰只限於客家人。

義民是指清朝發生民變時，協助官府平亂並保衛家鄉而犧牲的民間人士。臺灣是全世界最重視義民信仰的地方，一方面是清朝時期臺灣的民變不斷，二來則是清朝官方持續表彰義民。

目前可知的源起，是「朱一貴事件」平定之後，義民這方極力爭取官府的正式表揚，以確立其正當性，避免事後遭到民變那一方的報復。閩浙總督覺羅滿保贈送「懷忠里」匾額，讓協助平亂有功的義民們可以掛在里門，彰顯事蹟。臺大歷史系教授李文良的論文對此過程有詳細分析，可供參考。

乾隆年間，臺灣又發生「林爽文事件」，同樣多虧了民間人士的大力幫忙才能平定，連逮捕林爽文也是靠著民間之力，所以官方擴大康熙年間的義民表揚，而且鼓勵民間建廟長期祭拜，遂成為地方上的堅定信仰，有如官方鼓勵、民間執行的「忠烈祠」。

漳、泉、客、原等各族群，都曾經幫助朝廷平定林爽文事件，所以在乾隆五十二年、西元一七八七年之後獲得義民表揚，官府還分類頒發「褒忠」給粵籍的義民、頒發「旌義」給泉州的義民、頒發「思義」給漳州的義民、還頒發「效義」給平埔族的義民等，可知義民信仰不限客家人。

雖然義民信仰本來不是客家人的專屬，但是後來慢慢變成好像只是客家人的信仰，這有兩個主要原因：

首先，在臺灣的族群中，客家人算相對弱勢，林爽文事件之後的很多民變，發動者都是閩南人，於是減輕了義民信仰的傳承；反觀客家人為了避免閩南人勝出後的打壓，只好選擇跟官方站在同樣的立場，於是又強化了義民信仰。

其次，客家人在與閩南人爭奪墾地時，常常被迫退到比較偏遠的二、三線地區，這些地區後來的都會發展與人口變動比較小，這也有利於維持傳統。

值得注意的是，地方官府頒發的匾額，其中還有玄機，為什麼要分為「褒忠」、「旌義」、「思義」、「效義」？為什麼區分客家、泉州、漳州及原住民？難道是另有什麼講究嗎？還是官府想要趁機助長族群意識？其中不無玄機。

臺灣各地的義民信仰，有的使用前述四大名稱之一，例如桃竹苗的褒忠亭義民廟，一直是非常有人氣的客家義民信仰中心。至於屏東六堆的忠義亭，同樣是人氣非常高的客家義民廟，使用的卻不是前述四種官方匾額名稱，則是因為源起更早，是康熙六十一年、西元一七二一年平定朱一貴事件後，官府特賜匾額而建。

新埔褒忠義民廟在西元二〇二一年已創立二三三周年，回推可知，義民廟是在林爽文事變之後而建，祭祀至今。祭祀大典遵循古禮，由新竹縣各界人士恭迎代表義民爺的黑令旗，過香傳遞給十五個宮廟，再迎回駐錫。

相較於客家人的義民信仰依然繼續傳承，其他族群的義民信仰，則往往已被淡忘，才會讓不少人誤以為義民爺只是客家人的專屬信仰。

用福爾摩沙稱呼臺灣有陷阱

奧斯卡的最佳電影獎，在西元二〇一七年頒給了一部很特別的電影：《月光下的藍色男孩》（Moonlight），電影的主角是貧窮的黑人同性戀者，主旨則是對於自我的認同與追求。這麼政治正確而有深度的主題當然應該得獎，而且值得對自我認同欠缺自信的個人或是群體觀看。

電影中有一段很有意思的對白，黑人男主角夏隆（Chiron）小時以別人取的外號來稱呼自己，但是來自古巴的黑人尤安（Juan）卻堅持叫他的本名。尤安對夏隆說，有一位老婦人告訴他：「在月光下，黑人男孩看起來是藍色的，所以我要稱呼你藍色。」夏隆好奇追問：「所以你就叫藍色嗎？」尤安說：「當然不，你必須為決定自己是誰，別讓不重要的人為你決定。」

看到這一幕，不由得讓人想起有些人很喜歡把臺灣叫成「福爾摩沙」。一般人都以為，當時葡萄牙水手航行經過，第一眼看到臺灣就不由得喊出福爾摩沙（葡萄牙文的美麗）。

在過去的幾十年，有很多人喜歡用福爾摩沙來稱呼臺灣，但是深層來看，這反映的其實就是對自我認同的欠缺自信，因此才引用外人的稱呼。

挾外人以自重，本來就不可取。更何況，所謂葡萄牙水手的傳說故事，認真考據起來，竟找不到根據，連具體的人事時地物也不對。中研院研究人員翁佳音仔細比對早期國外文獻與古地圖之後發現，「葡萄牙人一開始所叫喊的Formosa，幾乎不是指臺灣本島」，而是更北的島嶼。從文獻可知，最早稱臺灣是福爾摩沙的應該是西班牙人，時為西元一五八〇年。直到西元一六二四年，荷蘭人來臺也沿用此稱呼，福爾摩沙一詞才廣為人知。

退一步說，就算真的有這麼一位葡萄牙水手，曾經喊過一聲福爾摩沙，為什麼臺灣人就要因此改變對自己家鄉的稱呼？難道千千萬萬臺灣先民對於我們寶島的稱呼，竟然比不上一位完全不知道是誰的不重要外國水手嗎？為什麼要讓不重要的人來為臺灣決定名稱呢？更何況，荷蘭只是把臺灣當成殖民地，我們為什麼要用殖民者的稱呼呢？

臺灣名稱的由來，以前的通說是源自於原住民西拉雅族的「臺窩灣社」（西拉雅語）。臺窩灣社的位置，大概是現在臺南的安平一帶。荷蘭人（正確來說應該是尼德蘭人）來了之後，誤以為這個稱呼就是安平的地名，因以稱之；新研究則認為，尼德蘭的古地圖以「大員」（Tayouan）標示臺江內海，應該是漢人把臺江內海稱為「大灣」，尼德蘭將之音譯為Tayouan，然後日治時期又根據外文而譯出臺窩灣一詞。不論是從歷史、當代、先民、以及原住民的各種角度來看，「臺灣」都是最好的稱呼。

有些臺灣人對自我認同的欠缺自信，不只表現在名稱的使用上，還表現在文化與價值上，有人崇洋、有人媚日，如果確有可取，當然該學習，但是盲目崇洋媚日就是欠缺自信了，當然不可取。

前輩記者兼文學家吳濁流寫的《亞細亞的孤兒》，早就點出了這個問題，書中主角最後因此陷入瘋狂，就是因為對自我認同欠缺自信，一心期待他者的認同而又不可得，於是最後以悲劇收場。被譽為臺灣新文學之父的仁醫兼文學家賴和，一心想要結合閩南語發音與中文文字，致力於創設臺灣本土的新文字及新文學，要寫出日本統治之下臺灣底層民眾的生活痛苦，他以實際行動對於自我認同展現了高度的自信。

臺灣就是臺灣，不必改用福爾摩沙，不必靠外人來彰顯自己。我們可以決定自己是誰，別讓不相干的人決定。

「沒唐山嬤」有雙重誤會

「有唐山公，沒唐山嬤」，這幾年常在臺灣聽到的這句話，其實有雙重誤會。

首先，唐山的原字應該是「長山」，閩南語這兩個詞同音，所以混淆，客家話這兩字卻不同音，從客家話可知是長山（chong san）而不是唐山（tong san）。所以正確寫法應該是長山公、長山嬤才對。

其次，如果「沒長山嬤」，「長山公」當然就是娶平埔族原住民為妻。有人據此推論，在割讓給日本以前就住在臺灣的居民，恐怕都有平埔族的血統，相關論述牽涉了國族認同與統獨爭議。

然而，十九世紀從加拿大來臺灣行醫的馬偕醫生曾經說，他從來沒有看過漢人跟原住民通婚。當然，他沒看過不代表沒有，但最起碼表示這種情況在十九世紀並不普遍。那十七、十八世紀呢？「據說」當時清朝官方不准男子攜眷來臺，所以「有長山公，沒長山嬤」，照這麼推論，應該是那個時候普遍出現漢人跟平埔族原住民通婚。

問題是，康熙二十二年、西元一六八三年收治臺灣後，果真曾經不准男子攜眷來臺嗎？最近有歷史考證推翻了這種說法，既然這種說法被推翻，加上許多先民的家族史都還記著長山嬤一起來臺的記憶，那麼「有長山公，沒長山嬤」的諺語就可能根本不是真的。

詳細考證這段歷史可知：最早指稱清朝政府不准男子攜眷來臺的說法，出自於日治時期學者伊能嘉矩的著作，強調康熙收復後就頒布了「渡臺三禁令」，資料來源則是《臺灣編查流寓六部處分則例》。伊能嘉矩的說法後來被許多歷史學者引用，流傳越來越廣。

疑點一，遍查清代法令，都查不到有這些規定。

疑點二，伊能嘉矩說此一規定是在西元一六八三年頒布，但當時康熙皇帝還沒決定「臺灣棄留」，既然還沒決定，又怎麼會去制定移民管理辦法？

疑點三，至今還沒有文件顯示康熙收治臺灣後就禁止攜眷。有學者說前述禁令是施琅提出的建議，但是歷史文件只能看到施琅肯定康熙皇帝「大開四省海禁」，卻看不到有限制攜眷的文字。

臺灣有不少家族還保有族譜或是家族來臺的記載，這些臺灣百年家族不少都還保存著長山嬤一起來臺的故事，例如創辦台塑集團的上一代臺灣首富王永慶，其家族最早的來臺者不但有嬤，而且來臺的始祖「王來祖」本身就是女性、就是嬤。「王來祖」是寡母，辛苦帶子女來臺，後來在新店開枝散葉。

從人口來看，西元一六八三年鄭克塽投降時，臺灣的漢人約有二十萬人，到了西元一七九五年成長到一三〇萬人，西元一八九三年又達到二五四萬人。以這種人口成長速度來看，不太可能單純因為自然生育增長，應該有非常可觀的外部移民來臺。既然這樣，「有長山公，沒長山嬤」應該不是事實，而是誇飾的說法。

愛臺灣，不能不知臺灣史。臺灣史，就發生在臺灣人的家族傳承之中。人人不妨從自家出發，透過家族史，一起還原臺灣史。

「有唐山公，沒唐山嬤」，不少人對這句話朗朗上口，認為這反映了清朝來臺灣的漢人移民幾乎都是男子，只好跟平埔族女性通婚以繁衍下一代，進而推論現在的臺灣人多有平埔族血統。前面已說，應該是長山而不是唐山。

不過最近很多研究陸續找到「沒長山嬤」翻案的證據，歸納來看有三種證據：

首先，「沒長山嬤」的根據，是「渡臺禁令」，也就是康熙一收治臺灣，就規定：「渡臺者不准攜帶妻兒家眷」。但是這個根據已經被推翻。

「渡臺禁令」說法來自日本研究者伊能嘉矩的《台灣文化志》，他說出自於康熙二十二年、西元一六八三年的《臺灣編查流寓六部處分則例》。

伊能嘉矩所提的「渡臺禁令」引用很廣，連臺灣省文獻委員會早期編寫的《台灣史話》也照單全收。負責修臺灣史的政府機關都接受，於是成了往年的定論。

但是這幾年不少研究者發現伊能嘉矩的說法有問題。曾任行政院促進轉型正義委員會兼任委員的臺灣史專家許雪姬，西元二〇一九年合著出版《來去台灣（台灣史論叢移民篇）》，她在〈導論〉指出，研究者查找《六部處分則例》卻發現找不到伊能嘉矩所指的文字記載。在當時的清朝官方檔案，也找不到「渡臺禁令」的文字。

對於攜眷，清廷態度多次改變，一開始沒有限制，後來偶而設限但又放鬆，例如雍正五年、西元一七二七年因為認為攜眷渡臺有助於安定社會，打開禁令；雍正十年擴大開放粵籍客民回籍搬眷或婚娶。這推翻了「沒長山嬤」的根據及說法。既然康熙二十二年根本沒有「渡臺禁令」、也沒限制長山嬤來臺，後來有時設限有時放鬆，當然不會「沒長山嬤」。伊能嘉矩所提的「渡臺禁令」，其實是康熙、雍正、乾隆、嘉慶四朝政令的選擇式混編。

其次，「有長山公，沒長山嬤」這句話，流傳多久也值得檢視，清代臺灣方志似乎沒有記載，首創「渡臺禁令」的伊能嘉矩沒有提過這句話，日治時期連橫撰寫的《台灣通史》也沒有提過。這當然不足以認定這句話不是自古已有，但何時出現確實值得探究，也未必是先民的真實寫照。

第三，民進黨籍的陳明文在嘉義縣長任內，委由多位學者撰寫，歷經五年在西元二〇一〇年出版十三冊、四百多萬字的《嘉義縣志》，深具意義。嘉義大學史地系副教授阮忠仁負責第二卷《沿革志》，除了推翻「渡臺禁令」的說法，還提到在康熙皇帝決定留臺之後，諸羅知縣季麒光上奏〈陳條臺灣事宜疏〉，說諸羅（今嘉義）漢人在明鄭時有四四一二人，收復之後只剩下二八三九人，不利於開墾，所以他奏請仿照「奉天四州招民之例」，「廣勸召募，在貧民有渡海之費，相率而前」，而且「按丁授地」，結果招來了一三六〇人，讓開墾的田地增加不少。奏摺根本沒提到什麼禁令，可見當時不但沒有「渡臺禁令」，朝廷還鼓勵渡臺。

早期移民因為是冒著危險來臺開墾，未必攜眷，但是不會完全沒有女眷，只是男子遠多於女眷。《沿革志》指出：不得攜眷之命令，最早見於康熙五十六年、西元一七一七年修的《諸羅縣志》，內有記載：「內地各津渡婦女之禁既嚴」。但是後來多次開放：雍正十年至乾隆五年、乾隆十年至十二年，乾隆二十五年至二十六年又開放。乾隆五十三年解禁。前篇提到王永慶家族的「開臺祖」，是道光年間攜子渡臺的寡婦許雪，她就是「長山嬤」。

清代方志在描述原住民時，偶會也提到漢番通婚，以通事為主，並不普遍。例如郁永河的《裨海紀遊》、黃叔璥的〈番俗六考〉，都曾提到漢番通婚，尤其是住在番社的漢人「通事」（具有官方授權的代理、翻譯兼中介等功能）最常娶原住民女性。不過通婚的情況不算普遍。所以「沒長山嬤」儘管已經被前述三類證據翻案，「有平埔嬤」仍是事實，只是數量有限。過去七、八十年以來，臺灣人漸漸不重視原籍，很多人根本已經不知道、也不在意自己是漳州、泉州、客家人，甚至不知道自己是原住民，漢人與平埔族通婚的情況，應該更加普遍。

第四，清朝以前也不能忽略。周婉窈教授歸納指出，荷蘭人時期估計漢人不到兩千人，遠少於可能有十萬人的原住民；到了西元一六四〇年，荷蘭人為了開徵人頭稅，統計數據非常詳細，當年統計漢人有三五六八人，到了西元一六六一年已經增加到二萬七千五百人，其中女性比較少，但是推估也有幾千人。鄭成功與鄭經父子帶來臺灣大約三萬七千人，軍人大概占了七成，其他則是眷屬。一萬多名眷屬一定有未婚女性，就算只有兩成左右，也有兩千人。總計來看，明鄭時期有六萬多漢人，其中女性的數目應該在數千人到一萬人之間。

前述統計數據有一點必須注意，就是荷蘭人統計的漢人人口，從西元一六四〇年到西元一六六一年增加了七點七倍，短短二十一年，漢人當然不可能自然繁衍出這麼多人，可能的原因有二，一是大量漢人遷移來臺，二是荷蘭人在臺的控制土地大幅增加，把新納入土地上的原有漢人也納入了計算。

根據第一任臺灣府知府蔣毓英修纂的《臺灣府志》，推估明鄭時期臺灣已有漢人一一六六六五人；但是到了西元一六八五年漢人反而只剩下三〇二二九人，包括男子一六二七四人、婦女一三九五五人，再加上小孩，漢人數量已經接近轄下原住民大約四萬人（清廷管不到的原住民，當然沒有納入計算）。

到了嘉慶十六年、西元一八一一年，漢人有一九四四七三七人；又過八十多年，臺灣在割讓前已有漢人二五四五七三一人。

一直到日治時期的明治三十八年、西元一九〇五年，臺灣才第一次進行人口普查，漢人有二八九〇四八六人，原住民有一五九六二七人，其中熟蕃四六四三二人，生蕃一一三一九五人（蕃為日本當時對原住民的稱呼）。到了西元一九四三年，漢人已經有五九一〇三二八人，原住民有三九六六七四人，其中，熟蕃（平埔族）有六二一一九人，高砂族（山地原住民）則有一六一九六一人。日治時期，漢人跟原住民都增加一倍。

日治時期的戶口調查相當認真，總督府官房調查課在昭和三年、西元一九二八年編成的《台灣在籍漢民族鄉貫別調查》顯示，在臺漢人中，泉州人佔四四．八％，漳州人佔三五．二％，客家人佔一五．六％。這是非常珍貴的族群調查數據。

清朝統治臺灣二一二年，原住民從十萬人增加到十五萬人左右，平埔族佔三成，如果扣除男子及兒童，平埔族女性只有四萬人，其中適婚者如以三成計，大約一萬人，就算全部嫁給漢人，也不可能讓漢人的人口在二一二年之內從四萬人大幅增加到二五五萬人，可見新增人口主要是移入，其次是漢人繁衍，至於漢原通婚，比例非常有限。這也證明不可能「沒長山嬤」。儘管「長山嬤」的人數遠遠不如長山公的人數，但是也不會太少。

漢人移入的數量在清朝大幅增加，有一個重要的歷史背景，就是中國出現人口的爆炸性增長，從康熙二十年、西元一六八一年的人口大約有一億人，到了乾隆六十年、西元一七九五年的人口已經超過兩億人，再到道光十三年、西元一八三三年，人口又增加一倍，已經超過了四億人（道光年間成長到四點五億人，後來發生太平天國等內亂，人口大量減少，中華民國成立時的人口大約三點四億人）。

臺灣人到底有多少比例具有原住民血脈，除了文史考證，還可以結合驗DNA等科學方法。不妨多管齊下，建議多多鼓勵嚴謹的DNA研究，讓科學說話。

「沒長山嬤。」這句話暗示是「長山公、平埔嬤」造就了現在臺灣人多半有原住民血統。果真如此嗎？

「沒長山嬤」絕不是事實，只是人數遠遠少於長山公。有學者說：「平埔公、長山嬤」也不少，另有學者認為漢人跟原住民雖有通婚，但比例不算多。

臺灣人到底有多少比例有原住民血統？或者換個角度問：臺灣人到底有多少比例的原住民血統？

想知道自己有沒有原住民血統，有三種解答方式：

一、血液DNA的比對。林媽利教授的研究計畫最常被提到。她宣稱研究了蒐集的臺灣人血液樣本之後，發現八五％有原住民的血統，不過每個人原住民血統的平均比例只有一三％。乍看之下，可能有人會看不太懂，其實這意思就是說八五％的臺灣人有原住民的血統，但是原住民血統的濃度只有一三％。好比說市售的果汁飲料有八五％內含原汁，但是原汁在真果汁裡只有一三％而已。

不過，有學者質疑林媽利教授的研究有不少倫理與方法的問題。陳叔倬、段洪坤兩位研究者合寫〈平埔血源和臺灣國族血統論〉這篇論文，提出了非常嚴謹的質疑：「林媽利手中的檢體大部分是臺灣的檢體，尤其是原住民的檢體。」研究方法不對，結論也不會正確；抽樣方法有問題，數據難免也有問題。陳叔倬、段洪坤的這篇論文在網路上可以找到全文，有興趣的讀者可以找來一看。

臺灣人想知道血統與DNA的真實情況，應該繼續進行嚴謹的科學研究。

二、流行病學的比對。這個領域以陳耀昌教授的研究最受注意。陳耀昌教授透過「幽門桿菌毛利型」、「鼻咽癌」、「僵直性脊椎炎」等六種疾病與DNA之間的關係，探討臺灣人血統的根源，許多研究成果都令人一看就留下深刻印象。

舉例來看，李登輝前總統的身高，比他親生父親李金龍高出很多，先前有傳言懷疑李前總統是日本警官的後代。儘管欠缺真憑實據，這種說法卻流傳很廣。陳耀昌教授從流行病學出發，他指出「鼻咽癌是臺灣的特產癌症」，日本人非常少罹患鼻咽癌，而李登輝前總統的獨子李憲文是因為罹患鼻咽癌而過世，因此可以合理推翻李登輝前總統是日本人後代的謠傳。

陳耀昌教授也透過科學方式，推斷出周杰倫有北歐人的血統。陳耀昌教授的流行病學相關文章，網路上很多，可以找來參考，更值得拜讀他集結專欄出書的得獎大作《島嶼ＤＮＡ》。

三、請教自己的長輩或是詳查族譜。有些人祖先的名字或註記，就會看得出是不是原住民，例如名字叫「番婆」，或是百年以前在臺灣的祖先出現「母不詳」的情況，都是可能的線索，因為當時漢人如果娶了原住民，未必都願意公開。晚近的直接證據則是日治時代的戶籍資料，在種族欄中，已經註明是否具有原住民身分，「熟」是指平埔族、「生」是指高山族。

尋找原住民血統，要避免望文生義。有「臺灣孫中山」之稱的蔣渭水先生，其父親大名叫「蔣老番」，但本名是蔣鴻章，因為不想跟割讓臺灣的李鴻章同名，一怒而改名。

談到臺灣人的原住民血統，牽扯到統獨議題。有人認為，臺灣人如果有原住民血統，就證明不是漢人，因此取得了血統上的臺獨合理性。這其實在邏輯上有待商榷。祖先之一是原住民就有原住民血統，這無誤。但是也不要忘了，漢人或其他祖先的血統，不會因此消失。

要找出自己的每一位祖先，就算有最詳細的族譜也辦不到，不過當代的科學確實可以幫助我們找出血緣的親疏遠近。過去幾年，有不少科學家透過ＤＮＡ與流行病學等方法，努力要呈現出臺灣人的真實血統。這當然是好事。

臺灣人果真是秦漢以來的大漢子孫嗎？還是如同陳耀昌教授等研究者的分析，應該是中國南方百越族的後裔？又或者，我們身上流的其實是原住民的血？過去幾年有不少研究已經指出，臺灣人的血統超出預期，不只有前述幾種，甚至還可能有歐洲與非洲的傳承。其實從人類的歷史長河來看，在每個人身上找到任何血緣都不奇怪。

只不過，在探尋血脈的過程中，要小心避免錯誤。常見的錯誤有幾種：第一是抽樣錯誤，又以特定樣本去推論其他人的血統；第二是因果錯誤，例如找出臺灣人有某項日本人的血統特質，就認為可能是日本人後代，事實上有可能是雙方共同傳承自同一位祖先；第三種錯誤是邏輯錯誤，例如發現有原住民血統，就推論自己不是漢人。

不妨想想，如果二十年為一代，往前推想，每代有兩位，那麼回溯到三百年前應該有一六三八四位祖先，如果其中有一位原住民（也許不只一位，也說不定不只漢人或是原住民，還有其他人種），會不會排除漢人祖先的血統？

尋找自己的血統源流很有意義，但是要小心，以免犯了錯誤反而誤導自己。漢人只是一個概稱，五胡十六國之後，百越人也加入大家族，蒙古人、女真人又先後入主中原，使得漢人的血統組成更加多元。如果願意，檢驗DNA分析自己的可能血統，以科學方法尋祖溯源，一定很有意義。

銀兩值多少錢居然會變化

在電視劇經常出現銀兩，讓一般人都以為包括清朝在內的歷朝歷代，都經常使用銀兩。其實使用銀子當交易工具，是從明朝才開始，而且可能是受到當時大航海時代西班牙、葡萄牙貿易造成銀幣大量流通的影響。

一兩銀子到底值多少錢？這個問題其實沒有標準答案，要看銀價的貴賤而定，不同時代的銀價不同，可以換錢多少當然也就不同。至於錢幣，早在漢朝就有五銖錢，這已經很像現在的錢幣，但是古錢幣中間多半有孔，可以用繩子串起來以便攜帶。通常一串是一千個銅錢，也就是一千文，又稱為一吊或一吊錢。

在清朝道光初年，銀價正常，一兩白銀可以換錢一吊，也就是一千文。到了鴉片戰爭的前後，因為鴉片造成白銀嚴重外流，物以稀為貴，銀價升高，一兩白銀可以換到制錢一千六、七百文。到了咸豐年間，銀價更是猛漲，一兩白銀已經可以換到制錢兩千二、三百文。相同時期在臺灣，一兩銀子可以換兩串錢。當時普通人一個月的工錢大概只有兩串到五串不等。官員看起來風光，其實正式薪水非常有限，以七品知縣來看，每個月的本俸只有大概區區五兩，一整年的正式薪水還不足六十兩。不過清朝官員的收入不能只看本俸，「養廉銀」才是重點，因為知縣層級「歲得俸銀六十兩，養廉銀五百兩」，官方給的補貼是本俸的八倍多，也是一奇，至於非官方的補貼，更是大大超過五百兩的數目，清朝的章回小說經常提到「三年清知府，十萬雪花銀」，可供想像。

臺灣在銀兩使用上比較有趣的現象是「番銀」相當流行，也就是西班牙、葡萄牙等西方的銀幣，因為上面的頭像被誤以為佛像，所以又稱為「佛頭銀」，當時講一元，指的是一個番銀元。西方銀幣起源於十五世紀的歐洲，大約在十六世紀流入東亞與中國，尤其在臺灣民間更是非常流通。因為是民間自行流通，番銀一元可以換到多少文制錢並無統一的官價，換算率常常隨著銀價的起伏而有不小的波動。道光年間，臺灣一兩銀可以換到少則七、八百文，多至一千五百文，咸豐年間漲到了兩千多文。

一兩或一錢到底等於現在的幾元？這涉及真實的購買力，未必可以直接換算，一錢的購買力差不多等於現在的新臺幣十至二十元，民間的日常交易多半只使用制錢。至於「大額」的番銀，一兩白銀大概相當於現在的新臺幣一、兩萬元，只有價格稍高的買賣才會上場。

清朝官方早先只有鑄造「銀餅」，尚未鑄造銀元。臺灣官府在道光年間鑄造的銀餅有三種，圖案分別是壽星、花籃、劍秤，要使用時才剪碎交易，所以被稱為碎銀。碎銀因為很容易摻假，所以不太受到民間愛用。至於銀元寶，在明朝的主要功能是用來庫存，而不是直接拿來買賣，到了清朝才開始在市面也有流通。俗稱「紋銀」的清朝銀元，則是要等到光緒十五年、西元一八九〇年，官方才開始鑄造發行，但是同樣不受民間的愛用，通常只在官衙內通行。

清朝的臺灣，稍微大額的買賣會使用銀兩，而且主要用的是「佛頭銀」或是「番銀」，也就是外國的銀元，尤其是西班牙的銀元。

當時臺灣民眾不認識銀元上面的西班牙國王，覺得看起來好像是佛頭，所以就稱之「佛頭銀」，又因為是來自於外國，所以也稱之為「番銀」。通常只有在大額買賣時才會使用銀兩，但是民間的日常生活花費不太高，主要使用的是銅錢。

清朝臺灣民間通用的銅錢，以清朝歷代鑄造的「通寶」為主。即使是清朝以前，包括宋、元、明三朝的銅錢，也仍然可以在民間交易的時候使用。甚至還有明鄭時期鑄造的永曆通寶，以及日本與安南（今越南）鑄造的銅錢在市面流通。

由官方鑄造的通寶，也稱為「制錢」，品質良好，又被稱為「好錢」。明朝的「永樂通寶」因為品質好，在臺灣一直沿用到清朝。不只臺灣，甚至在日本也非常通行，知名作家司馬遼太郎撰寫的歷史小說，或是NHK拍攝的《軍師官兵衛》等大河劇，都可以看到「永樂通寶」，因為被稱為日本戰國三雄之首的織田信長，在旗幟上印的就是「永樂通寶」四個大字。

有好，就有歹，「歹錢」指的是民間私自鑄造的「私錢」，品質往往不太精細，容易磨損。即使如此，清朝臺灣的民間交易，常常「私錢」與「制錢」混合使用，私錢的購買力會打折扣。

私錢主要是指私自鑄造的錢幣，不過也有人把外國來的錢以及前朝的錢，通通歸類為私錢。

民間會鑄造私錢，有幾種原因，最主要的是技術門檻不高，有利可圖。

除此之外，乾隆以前的制錢以銅為主，再加上鉛、鋅鑄成合金。這種以銅為主的合金，顏色偏紅黃，被稱為「黃錢」。乾隆時期因為銅料的供不應求，降低了鑄造標準，民間也有樣學樣，甚至熔燬本來的制錢，這樣可以生產更多的私錢，真實上演了「劣幣驅逐良幣」的情況。不但嚴禁無效，甚至到了乾隆中期以後，私鑄錢幣的情況越來越嚴重。

乾隆五年之後，在鑄錢的銅料之中加入百分之二的錫，這樣鑄造出來的銅錢看起來有一點偏向青色，被稱為「青錢」。

桃園市龍潭區的三坑子，有「青錢第」張家古厝，苗栗縣西湖鄉的五湖村也有「青錢第」張家古厝，都是當地的觀光景點之一。

「青錢第」名稱的由來，有一說是張家在饑荒年代私自發行「青錢」以賑災，皇帝嘉許其善舉，所以賜給「青錢第」封號。不過，私鑄錢幣一向為官方所禁，這個說法恐怕有待商榷。

另一說則是張家祖先唐朝張鷟的文章極佳，有如青錢受到人人喜愛，張鷟被稱為「青錢學士」，所以他的後代子孫就以「青錢」作為宅第的名稱。這個說法似乎比較可信。

臺灣不但存在私錢的問題，而且還輸出到澎湖。光緒二十六年，澎湖廳參事蔡汝璧、謝贊兩人合寫〈禁用私錢以除民害而益地方議〉，裡面特別提到了：「璧等訪聞：近日有奸商，由朴仔腳購買私錢六七百千，運來澎湖。」

文中的朴仔腳，就是現在的嘉義縣朴子市。官員發現嘉義縣朴子市的私錢流入澎湖，而且迅速在市面流通。

蔡汝璧、謝贊說：「百姓其買蔬菜，皆用私錢以與農夫，而農夫則將私錢向街路買物品」。這也就是說在澎湖的日常交易，使用私錢是很普遍的。澎湖的這一大批私錢，都是從臺灣流入的。私錢在澎湖的市場都這麼常見，臺灣的情況可以想見。

臺灣民間貨幣的混亂情況，在割讓改由日本統治之後，初期沒有太多改善。日本在明治三十年、西元一八九七年進行貨幣改革，推行金本位制度，但是一開始在臺灣還難以落實，不過已經從西元一八九九年開始，逐步推行銀行券，禁止銀元在市面流通。一直到明治四十四年、西元一九一一年臺灣才接軌金本位制度，也進入了使用紙鈔的時代；到了昭和六年、西元一九三一年，又改放使用「信用貨幣本位制度」，取代了先前的「商品貨幣本位制度」。

現在都會區的新建案都會佈置如夢似幻、美輪美奐的接待中心，吸引有心買窩的買房族。巧妙設計的裝潢屋，讓人一看就愛。但是都會地區寸土寸金，一間三十多坪的房屋，動輒上千萬元；臺北市的「帝寶」等許多豪宅，價格更往往超過億元。

內行人都知道，房地產主要是貴在土地價格，而不是房屋等地上物的價格。大臺北地區的土地公告地價，一向可觀，以西元二〇二一年為例：臺北市大安區金華段，一平方公尺的公告現值是七十多萬元，一坪超過二三〇萬元。至於新北市新莊區的地王是副都心重劃區，每坪約一四四萬元；重劃區在一九七〇年代還叫「塭仔底」，處處水澤，西元一九七八年左右，眼光精準的建商在此收購農地水田，平均每坪價格五百到二千元，據傳買進四十萬坪；西元二〇一〇年遠雄集團購地時，平均一坪一四五萬元。西元二〇二〇年興富發購地時，平均一坪二八八萬元，十年漲了一倍，市值也比公告現值高出了一倍，而且是西元一九七八年的二三〇四倍。

大臺北這些越來越昂貴的土地，最早是誰的呢？當時又是怎麼買賣？答案是開墾。

臺灣的南部開發比北部早，俗稱荷蘭人的尼德蘭人在西元一六三五年，找來巴達維亞（今印尼雅加達）華僑蘇鳴崗等人，回福建招攬墾民到大員（今臺南），這是臺灣最早的漢人移民開墾。

至於大臺北的大規模開墾，從康熙四十八年、西元一七〇九年發出了墾照給「陳賴章」墾號才開始。在此之前，大甲溪以北的土地大多都還沒開闢。

陳賴章墾號的墾荒範圍包括大佳臘，大概是今天的臺北盆地，官府文書預估開墾成果「約開有田園伍十餘甲」；但陳賴章墾號後來未落實開墾，在康熙五十六年、西元一七一七年出讓拓墾權。在陳賴章之後，有二十多個墾號陸續來到北臺灣開墾。

雍正年間擔任臺灣知府的沈起元曾經說：「漢民開墾，……一紙呈請，至數百甲而不為限」。一個大墾號如果獲得三百甲土地，相當於三平方公里，超過臺北市大同區面積的一半，放到現在，地價驚人。

到了乾隆年間，臺北可開墾的平地都已開發，一方面墾戶開始拓墾山區；另一方面新墾戶能分配到的耕地也縮小，道光十五年、西元一八三五年為了開墾竹塹（今新竹）一帶而成立的「金廣福」墾號，墾戶平均耕地面積為一甲，耕地面積不滿〇．五甲的墾戶占了總數的一半。一甲為九六九九平方公尺，〇．五甲大約四個標準籃球場的大小，當年種田不算大，現在蓋大樓還可以宣稱是大基地。

原本臺灣的中部與北部，全都是諸羅縣（今嘉義）的管轄範圍，隨著開墾而來的人口漸多，雍正元年、西元一七二三年，在虎尾溪以北增設彰化縣，在大甲溪以北則設淡水廳。

開墾可以獲得土地，要經過什麼手續？付出什麼代價？

按照清朝規定，要經過報墾、報陞兩個手續：

報墾是向官府申請開墾，寫明要開墾的「無主之地」範圍，官府派人勘查，公告幾個月後沒有人有異議，就發墾照給墾戶。墾戶如為團體就叫墾號。

看起來好像很輕鬆，好像圈地就可以佔有，其實開墾除了需要成本，還可能遭遇原住民阻擾，因為所謂的無主之地，多半是原住民的生存範圍。

開墾最大成本是挖圳引水，而且經常失敗。霧裡薛圳一開始就因為原住民抗爭及資金不足失敗，後由周姓族人七大股合作接手之後才鑿圳成功，所以又稱「周七股圳」。

面對原住民抗爭，有兩種策略，疏通與武鬥：

採取疏通策略最有名的是臺北的郭錫瑠，他娶泰雅族女子為妾並聘用原住民，歷經二十二年在乾隆二十七年、西元一七六二年完成瑠公圳。

採取武鬥策略則包括新竹的金廣福墾號等，這個墾號是由粵籍（廣）姜秀鑾與閩籍（福）周邦正合作，成立於道光十五年、西元一八三五年，以武力進入賽夏族領域開墾，並設置墾隘以為警戒。

墾照有年限，必須在限期之內墾出農田，並且納糧完稅，否則失效。墾照年限在康熙六十一年、西元一七二二年前是三年，隔年延長為水田六年、旱田十年。從年限也可以看出開墾不易。

報陞，又稱升科，則是在開墾成功後再向官府申報面積，等核定賦稅並繳交，就完成報陞，正式成為墾地的所有權人，又稱業戶。

臺灣報陞的農地很少，大部分都成為隱匿不報的隱田，以逃避賦稅。日治時期清查，發現隱田比申報的農田多了十三倍。

開墾確實像是圈地，只是成本驚人、難度很高，不保證成功。一旦成功了，立刻就成為超級大地主。

翻開國中課本，裡面提到清朝臺灣最有規模的四大水圳，從北到南依序是：臺北市的瑠公圳、臺中市的貓霧捒圳、彰化縣的八堡圳、以及高雄市的曹公圳。

瑠公圳的規模，後來被後村圳超越。這是因為日治時期，總督府推動「公共埤圳組合」，先整併相近的水圳，再轉型為法人。北部最重要的整併，包括臺北盆地霧裡薛圳被納入瑠公圳；以及新莊平原的張厝圳與劉厝圳整併改稱後村圳，後村圳的灌溉範圍遍及新莊、泰山、五股、蘆洲及樹林。

根據昭和十年、西元一九三五年的登記資料，瑠公圳（當時稱為瑠公水利組合）灌溉面積為二八二五甲；後村圳（當時稱為後村水利組合）灌溉面積則是三五五四甲，比前者多出七二九甲，多了二六％。

所謂埤圳，埤，本字是陂才對，轉音錯誤而來，指的是水池，自然水池加工後也稱陂塘；圳則是從水源引水的溝渠。

張厝圳、劉厝圳是新莊平原得以開發的關鍵，但是兩家之間的恩怨交錯卻長達了五〇年。在張厝圳開鑿期間，劉厝圳趁著洪水造成河川改道而後發先至，加上水圳交錯，所以衍生許多爭議。

泉州裔的張家有張廣福、張必榮等墾號，在南新莊也獲得墾權，從乾隆十年、西元一七四五年開始，為了要引入大嵙崁溪（今大漢溪）的溪水，著手開鑿水圳，以灌溉現在新莊和三重一帶。由於工程不順利，歷經許多年，才在乾隆三十年、西元一七六五年完成，這就是永安陂大圳，簡稱永安圳，又稱張厝圳，初期的灌溉面積達六百多水甲，一水甲可供五甲田，大約三千多甲，約三十多平方公里。

另一方面，潮州裔的劉和林、劉承纘父子，在雍正元年、西元一七二三年已獲得北新莊加里珍莊（今五股區）一帶的墾權，但是因為資金有限，沒有大規模開挖水圳，直到乾隆二十四年、西元一七五九年，山洪大水沖毀了今天樹林、鶯歌一帶的田園，又造成大嵙崁溪改道，向右側的板橋偏移，沖出了大量荒地，張家損失巨大，劉家則趁機利用溪流改道「壅水築圳」，在乾隆二十八年、西元一七六三年完成萬安陂，又稱劉厝圳，初期「圳水計貳百陸拾甲」，可灌溉一千三百甲田。

張厝圳與劉厝圳因為水源及圳道多有重疊，兩家為此纏訟多年、械鬥不斷，官府屢勸無效。乾隆三十年、西元一七六五年，在臺灣道蔣允焄的調處之下，雙方簽下和解協議，但是仍常有衝突。道光十七年、西元一八三七年，淡水同知婁雲立了「嚴禁截流塞狹圳道碑記」，可見問題仍沒解決。此碑仍保存在中正路的保元宮。

清朝收復臺灣後，在康熙二十三、西元一六八四年在福建省之下設置臺廈道，統轄臺灣與廈門；雍正五年、西元一七二七年以後專設臺灣道，負責的官員稱臺廈道或臺灣道，也稱道臺。同知為知府的佐貳官，正五品，分府辦公，不是下屬。

明治四十二年、西元一九〇九年總督府將張厝圳、劉厝圳合併管理，改稱後村圳，兩圳一五〇年恩怨至此結束，成為北臺灣規模最大的水圳，又把附近較小的草埤圳及大窠口圳（都位於泰山）都納入管理。

後村水利組合在昭和十二年、西元一九三七年改名為新莊水利組合，繼續貢獻。

直到一九六〇年代以後，田地逐漸改為工廠，後村圳漸漸失去功能，也慢慢被遺忘。

本島鳳梨比土鳳梨更土

臺灣號稱為水果王國，原因之一是寶島雖然面積不太大，卻跨越了熱帶與溫帶氣候，島上又有高山、丘陵、平原，應有盡有，可以培育的水果種類非常多，正因如此，市面上充滿了各種好吃又便宜的水果。臺灣的水果頗多是引進後經過育種改良才受到民眾喜愛，多數水果都不是臺灣的原生種，其中也包括了最受歡迎的鳳梨。

鳳梨的家鄉在美洲，據傳十五世紀義大利探險家哥倫布到達美洲，在西元一四九三年從加勒比海的瓜德羅普島（Guadeloupe）把鳳梨帶回了歐洲。隨著大航海時代來臨，鳳梨也傳到世界，包括中國。推測可能是葡萄牙人在十六世紀先把鳳梨帶到澳門再入境。歷史記載，葡萄牙人在明朝嘉靖三十二年、西元一五五三年初抵澳門並請求貿易，隔年獲允許在廣東沿海進行貿易。鳳梨進入中國確切情況沒有明確記載，但是初期一定不普遍。網路上廣為流傳一則訊息，說李時珍的著名藥典《本草綱目》已經提到：「鳳梨，補脾胃，固元氣，制伏亢陽，扶持衰土，壯精神，益血，利頭目，開心益志。」也有網路訊息把前述內文的鳳梨改為波蘿，因為福建對鳳梨的稱呼是波蘿，跟廣東及香港一樣。然而，在明朝萬曆六年、西元一五七八年定稿的《本草綱目》，既沒提到鳳梨，也沒提過波蘿。

臺灣沒有原生種的鳳梨，現有的鳳梨都是外來種，包括所謂「土鳳梨」在內。鳳梨非常受歡迎，臺灣的鳳梨年產量在西元二〇二一年大約四十二萬公噸，主要產地是位置最南的屏東，佔總產量近三成，鄰近的高雄與臺南各占一成半。北臺灣也有少量的種植，包括臺北市北投以及新北市淡水與三芝。北投在清朝盛產鳳梨，還形成了被稱為「鳳梨宅」的聚落，不過現在只剩零星種植了。

臺灣沒有原生種的土鳳梨，最早是在清朝隨著漢人移民而來，詳細的年代可能難以考證。網路上有不少人都引用某一資料，說是康熙三十三年、西元一六九四年由鄭成功引進。這明顯不正確，因為稍微一想就會知道，前述的西元一六九四年，離鄭成功在西元一六六二年過世已經三十二年了，距鄭克塽投降清朝的西元一六八三年也已經十一年了，可見資訊有誤。

臺灣的鳳梨品種有過三代、三類，包括「在來」、「開英」以及改良三大品種，多數民眾吃的都是第三代的改良品種；少數民眾吃過的土鳳梨，有人以為這是臺灣原生品種，其實是第二代的開英種；至於更土的鳳梨，是第一代的在來種，俗稱本島鳳梨，據稱是先民從福建引進，現在只有很少量種植，一般民眾不要說沒吃過，恐怕連聽都沒有聽過，雖然外觀很像一般鳳梨，但品種就是不同。

清朝來臺的鳳梨就是在來種，俗稱本島鳳梨，味道香、果蒂深，可說是臺灣的第一代鳳梨。康熙五十六年、西元一七一七年的《諸羅縣志》特別記載了鳳梨名稱的由來：「臺人名鳳梨，以末有葉一簇，如鳳尾也，取尾種之，著地即生。」《諸羅縣志》的主修者是知縣周鍾瑄，實際編纂者是漳州漳浦縣監生陳夢林，兩位都是非常傑出的知識分子，《縣志》特別提到臺灣人幫鳳梨取名的原因，可見他們對這種水果相當陌生，反映出鳳梨即使引進中國了卻還是不太普遍。

本島鳳梨在臺灣發展了兩百多年後，到了日治時期逐漸被取代，當時的理由是蒂太深，不好挖除，不適合用來製作罐頭，所以日本人找來了替代的南洋品種，就是開英種，成為臺灣的第二代鳳梨。

臺灣鳳梨罐頭的創始人是大阪人岡村庄太郎，他在明治二十八年、西元一八九五年來到臺灣，因為看到日本大量進口鳳梨罐頭的商機，從明治三十三年、西元一九〇〇年開始試做鳳梨罐頭，後來在鳳山設立「岡村鳳梨罐詰工場」，也就是罐頭工廠。在此同時，櫻井芳之助也在彰化製作鳳梨罐頭，他本來想以當地蚵仔製作罐頭，失敗後改用中部盛產的鳳梨製作罐頭。

於本島鳳梨的蒂深，製作罐頭時要透過人工作業去挖除，太過耗時，所以在新加坡找到新品種 Smooth Cayenne，一開始稱為南洋種。Smooth 意指外皮相對平滑少刺，Cayenne 是地名，現在翻譯為蓋亞，是南美洲國家蓋亞那的首府。開英種鳳梨是由夏威夷育種成功、在南美洲大受歡迎、十九世紀普及的鳳梨品種。

本島鳳梨在一九三〇年代因為遭逢寒害而歉收，南洋種鳳梨趁勢在中部的彰化等地大舉推廣，八卦山更成為種植的主要地區。總督府在昭和年間的一九三〇年代，將鳳梨罐頭工廠全部收歸公營，一九四〇年代參照英文發音，把南洋種定名為開英種鳳梨。

開英種鳳梨因為甜度不太夠，漸漸開始被改良成更具甜度的鳳梨，昭和九年、西元一九三四年育成第一個改良品種台農1號，到西元二〇二〇年已經育成到了台農23號。現在市面上常見的金鑽鳳梨、牛奶鳳梨都是改良種。

改良種鳳梨一上市，開英種鳳梨漸漸被稱為土鳳梨，讓很多民眾誤以為這是臺灣本來就有的原生鳳梨；至於更土的在來種本島鳳梨，已經快瀕臨絕跡，只剩很少量的種植了，在彰化種植鳳梨並販售鳳梨酥的旺梨小鎮目前還保有十株，非常難得。

對鳳梨這種水果的喜愛不限於臺灣，而是全球一致。根據聯合國「糧食及農業組織（FAO）西元二〇一九年的統計，全球鳳梨產量第一名是哥斯大黎加，產量約三三三萬公噸，佔一〇．九七%；第二名是菲律賓，產量約二七五萬公噸，佔九．〇六%；當年臺灣的鳳梨產量約四三萬公噸，佔一．四二%。

金鑽鳳梨在臺灣最受歡迎，西元二〇二〇年的市佔率超過九成。但是目前全世界市佔率最高、超過九成的鳳梨品種是MD2，俗稱黃金鳳梨，在歐洲、美洲、日本超市買到的鳳梨，幾乎都是MD2，這個品種在臺灣也有種植。

輯二

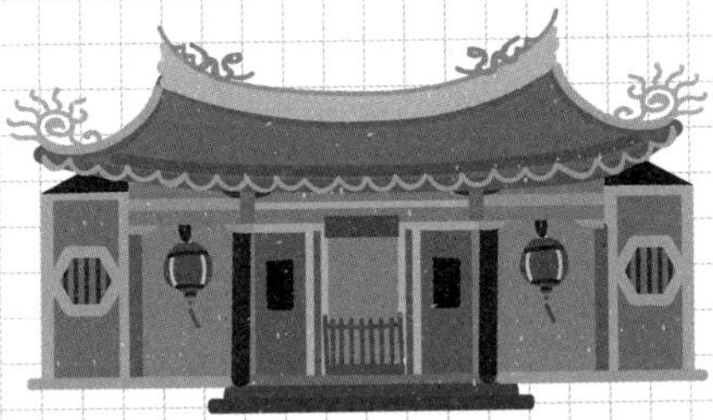

臺灣在一八六〇年代開始正式接軌世界，迎來了許多驚喜，其中之一就是臺灣的特有種生物開始被世界看到，因此迎來了大發現、大命名的時代。

臺灣向世界開啟門戶，主要是因為清廷在「第一次英法聯軍」之役戰敗，咸豐八年、西元一八五八年簽訂「天津條約」，先開放淡水以及安平港為通商口岸；同治二年、西元一八六三年，開放雞籠（今基隆）港；到了同治三年、西元一八六四年，又開放打狗（今高雄）港，一共開放四個臺灣港口為通商口岸，從此西方人大量來到臺灣。

在植物的部分，西方人在一八六〇年代開始採集、分類及命名臺灣的植物，其中最有成就的是來自於愛爾蘭的醫生亨利（Augustine Henry），他在西元一八九六年出版了《台灣植物目錄》，記錄了原生植物多達一三二八種，開啟了植物學的大命名時代。

西方學者當時因受阻於山地原住民的保衛部落，無法進入高山地區，主要採集的範圍都是低海拔山區；比較晚來的日本學者冒險進入高山區，研究成果因此得以媲美西方學者。不容諱言，這個跟佐久間左馬太總督明治三十九年、西元一九〇六年上任之後，理蕃政策轉為強硬有關（清朝文書使用番字，日本人則改用蕃字）。日本學者之中，成就最驚人的是早田文藏，他一個人就為臺灣植物增加了多達二千三百多種命名，儘管後來有不少是「同物異名」。尤其他在明治三十九年、西元一九〇六年發現以及命名的「臺灣杉」（**Taiwania cryptomerioides Hayata**），到目前仍是全世界唯一以臺灣為屬名的特有種植物。

早田文藏研究成果豐碩，在明治四十四年、西元一九一一年出版《台灣植物圖譜》第一卷，其後出版到第十卷，被稱為「臺灣植物界的奠基之父」。早田文藏甚至從臺灣跟日本松柏科植物的相似度達到七〇%，直接就推論日本跟臺灣以前連接在一起。不過後來早田文藏放棄了植物地理學，不再多談。吳永華在西元二〇一六年為早田文藏撰寫了傳記，書名就取《早田文藏：臺灣植物大命名時代》。

至於臺灣特有種的動物，英國的斯文豪（**Robert Swinhoe**）貢獻不少，他在西元一八六〇年擔任駐臺副領事，後來成為駐打狗的第一任領事。斯文豪在西元一八六三年發表〈福爾摩沙哺乳動物〉，是關於臺灣哺乳動物最早的科學報告，提到臺灣獼猴與雲豹等多種生物；他也提供許多標本讓貢德（**John Gould**）發表並且命名藍腹鷴等鳥類。

臺灣特有種哺乳類最有名的是臺灣黑熊，屬於亞洲黑熊的臺灣特有亞種，最常見的是臺灣獼猴，臺灣山羊與臺灣小黃鼠狼也是臺灣特有種。

在鳥類的部分，藍腹鷴、帝雉和臺灣藍雀都是臺灣特有種。

魚類的部分，首推被譽為「臺灣國寶魚」的櫻花鉤吻鮭。這是由日治時期由動物學者大島正滿發表，發現過程充滿趣味。

大島正滿的助手青木赳雄在大正六年、西元一九一七年到宜蘭調查淡水魚類，聽說原住民常在大甲溪上游捕捉一種魚來吃，他請當地巡查幫忙去找，後來收到一尾處理好的魚，不但已經去掉內臟，還用鹽巴醃好的鮭魚——這就是臺灣櫻花鉤吻鮭，後來由大島正滿跟美國魚類學者喬丹共同發表。鮭魚是冷水魚類，生長在攝氏十六度以下的溪流，理論上臺灣應該沒有鮭魚，由此更襯托出臺灣櫻花鉤吻鮭的可貴。

臺灣特有種不少，目前的統計大約有哺乳類有七十種、鳥類四五〇種、爬蟲類八十五種、兩棲類三十二種、淡水魚類二二〇種、蝴蝶四百種。

臺灣有原生種的狗嗎？看到這個問題，有些人可能會理所當然回答：有啊，臺灣土狗不就是臺灣原生種嗎？

漢人臺灣狗的文字記載，最早出現在清朝康熙年間，提到原住民養狗，例如〈番俗六考〉就多次提到原住民養狗，甚至特別提到了一種會聽主人命令的白色獅子狗，非常珍愛，就算有人想要用一頭牛來換也不答應。

諸羅知縣周鍾瑄在康熙五十六年、西元一七一七年編撰的《諸羅縣志》提到原住民「犬大如黃犢，吠聲殊異。剪其雙耳」。平定朱一貴事件的閩浙總督覺羅滿保在康熙五十八年、西元一七一九年，帶著九位原住民與四隻獵犬到北京面聖。可惜康熙喜歡的是跑速比較快的「細犬」，沒看上壯碩如小黃牛的原住民獵犬。朱仕玠在乾隆三十年、西元一七六五年定稿的《小琉球漫誌》也有「番犬大如黃犢」等類同前書的記載。

臺灣土狗最早起源於原住民的獵犬，有些人認為是南亞狩獵犬的後代。據傳荷蘭人（應該稱為尼德蘭人）來臺時，為了幫助狩獵，也引進了大型獵犬跟臺灣獵犬混種。由於純正的臺灣土狗被認為已經消失，究竟「大如黃犢」是不是原來的面貌？還是已經跟外來獵犬混種之後的面貌？真相恐怕難有答案。

先前的研究成果認為，臺灣沒有任何原生的犬科動物，包括了狼、豺、狐狸。所以儘管臺灣自古以來多山、多森林，卻不一定有原生的狗與狼。沒有原生狼，但是有原生種的黃鼠狼，只是黃鼠狼雖然名字有狼，其實不是狼。黃鼠狼與狼在動物分類裡面，都屬於食肉目，但狼是犬科，而黃鼠狼則是鼬科，同目不同科。鼬科的生物相當多，包括水獺、獾、鼬、貂、黃鼠狼等。黃鼠狼的學名是黃鼬。

對於臺灣土狗的研究，隨著南科考古遺址的發現而有了重大的全新突破。因為西元二〇〇〇年中央研究院院士臧振華在臺南科學園區的「南關里遺址」，挖出了俗稱為「臺灣第一狗」的狗骨頭化石，這是臺灣最早的「狗墓葬」，骨頭完整，呈現睡姿的狀態，距今大約四千五百年，當時一共挖出了四具完整的狗骨頭化石，相較之下，其他動物的骨頭化石都比較支離破碎，由此可以推測當時的人類已經開始養狗。南科遺址的古犬體型不如現在的臺灣土狗，尺寸比較嬌小。

南科古犬從何而來？跟後來的臺灣土狗之間有沒有傳承？目前都還沒有確切的答案。

黃鼠狼在臺灣大名鼎鼎，因為多數人都聽過這段話：「黃鼠狼給雞拜年——沒安好心眼。」不過親眼看過黃鼠狼的人可能就不太多了，甚至看到黃鼠狼的別名也未必知道。先前盜墓小說紅極一時，其中有一本名為《鬼吹燈黃皮子墳》，還改編成熱門的影視劇。到底什麼是黃皮子墳？黃皮子就是黃鼠狼的俗稱，黃皮子墳就是黃鼠狼的墳。小說中指的是多黃鼠狼出沒、看似墳墓的土丘，不是黃鼠狼真有墳。古人認為黃鼠狼會作祟，也稱之為黃大仙。要注意的是，知名的黃大仙廟祭祀的是東晉道教前輩黃初平，此仙非彼仙。

很多人不知道臺灣有黃鼠狼，而且還有臺灣特有種、原生種的黃鼠狼。臺灣有不少原生的物種，其中之一，一直到西元一九九七年才被確認，這就是「小黃鼠狼」。提起小黃鼠狼，經常會引發兩大誤會：

第一大誤會、小黃鼠狼真的不是黃鼠狼的「幼狼」，而是自成一個亞種。

過去雖然有人看過小黃鼠狼，但都以為是黃鼠狼的幼狼，西元一九六九年在合歡山地區捕捉到一隻，當時被當作黃鼠狼的幼狼。一直到了西元一九九七年才被生物學家林良恭經過研究後確認自成一個亞種，而且還是臺灣特有種，也就是只有臺灣才有。既然小黃鼠狼是臺灣特有種，當然就是臺灣原生種的生物。

請注意，只有小黃鼠狼才是臺灣特有種，黃鼠狼不是。

第二大誤會：小黃鼠狼與黃鼠狼都不是狼。狼在生物學的分類裡面屬於犬科，至於黃鼠狼根本就不屬於犬科，而是屬於鼬科，正式學名應該叫黃鼬。所以小黃鼠狼的正式學名應該是小黃鼬。

臺灣有黃鼠狼，也有小黃鼠狼。

小黃鼠狼是臺灣體型最小的食肉目動物，以海拔兩千公尺左右之森林地區為主要分布範圍，例如合歡山。

小黃鼠狼的頭以及身體長度大約十六公分，尾長八公分，全長大約二十四公分，只有黃鼠狼的一半大小，所以先前經常被誤以為是黃鼠狼的幼狼，直到西元一九九七年才確認是臺灣特有的亞種，西元二〇〇八年已公告為保育類野生動物。

至於臺灣的黃鼠狼，以海拔一千公尺以上之森林地區為主要分布範圍，不過最近幾年在陽明山附近的平地也有人發現，西元二〇一〇年甚至在新北市的二重疏洪道也發現了黃鼠狼，可惜已經是被輾斃的遺體。西元二〇二〇年荒野保護協會在新北市的五股濕地拍到了黃鼠狼身影。

小黃鼠狼比近親黃鼠狼嬌小，黃鼠狼的頭以及身體長度大約三十公分，尾長二十公分，全長可以到五十公分，幾乎都是小黃鼠狼的一倍。

全球的氣候變遷以及人類的深入棲息地，已經讓黃鼠狼如今不再只生活於原本的高海拔。這對於黃鼠狼與小黃鼠狼到底會帶來什麼影響，思之令人憂心。

不能用「知了」稱呼臺灣蟬

臺灣的蟬叫聲一點也不像「知了」，為什麼蟬又被稱為「知了」？說起蟬，一般人最常想到的，就是因其鳴叫聲而又名「知了」，以及在郊區偶爾會看見蟬脫殼之後的「蟬蛻」。

不過，不少人其實都誤會臺灣蟬了，常見的誤會有三：第一、以為蟬是「一種」昆蟲；第二、蟬會鳴叫；第三，蟬又名「知了」。

首先、蟬不只一種，臺灣蟬也不只一種，而是有上百種。在臺灣，一般人比較熟知的是「臺灣熊蟬」。

清朝周璽等人在道光十二年、西元一八三二年編寫的《彰化縣志》，已經把臺灣的蟬分成了五種。到了西元二〇〇〇年的調查，臺灣已經有五十二種蟬，其中三十三種為臺灣特有種。目前全世界的蟬大約有三千多種，這麼龐大的家族，可能超出很多人的想像。至於臺灣已知的蟬則有七十多種，體型最大的是號稱蟬中之王的「臺灣爺蟬」，長約十公分。

臺灣常見的蟬有大有小，例如五公分長、體型較大、黑色的熊蟬，這也是很多臺灣人印象中的蟬，此外還有三公分長的薄翅蟬，以及二公分長的草蟬。至於因為東方美人茶、蜜香紅茶而出名的小綠葉蟬，不到一公分長，一般人不常見。

世界唯一以臺灣命名的蟬是「臺灣暗蟬」，最早是日治時期在北埔採獲，因而命名「北埔蟬」，屬名是「Taiwanosemia hoppoensis」。

其次、蟬不會叫，而且只有雄蟬會發出聲音。

蟬的「聲音」，都是雄蟬所發出的，主要是要用來吸引雌蟬，而且聲音還會有變化，當雌蟬靠近時，雄蟬的聲音就會比較柔和，彷彿展現紳士風度與溫柔。

蟬會發出聲音，但卻不是「鳴叫聲」，因為根本不是從嘴巴發出聲音，而是從腹部發出聲音，在雄蟬腹部兩側各有一個圓的音蓋，下面有發音膜，蟬透過腹部肌肉收縮，震動腹部的鳴腔而發出聲音。所以「蟬聲」跟人類男性喜歡在異性前面展現肌肉，真是有異曲同工之妙。

第三，蟬俗稱「知了」，據說是發出的聲音很像。對此，認真觀察過蟬的臺灣人一定會感到好奇，明明聲音是吱吱吱、吱～，怎麼會是「知了」？這是因為全世界的蟬有兩千多種，只有特定種類的蟬會發出像「知了」的聲音。臺灣常見熊蟬發出的聲音，聽起來一點也不像「知了」，所以如果在臺灣用「知了」稱呼臺灣蟬，臺灣蟬知道了一定覺得莫名其妙，只能「無語」以對。

每次想起蟬，不知道為什麼，總覺得蟬好像就有種孤單寂寞的感覺，不知道是不是跟早期一首流行歌曲〈秋蟬〉的歌詞有關。

其實蟬是群居的昆蟲，經常集體棲息在同一棵樹上，包括熊蟬等多數的蟬都具有群聚性，所以發現成群的蟬或是成群的蟬蛻，都很正常。在野外看到兩、三個或更多的蟬蛻並排出現，一點不稀奇。

臺灣蟬的脫殼時間，大多是晚上七點以後，傍晚時幼蟲鑽出地面，花半小時爬上離地幾十公分的高處，靜止休息一小時左右才開始脫殼，脫殼的時間不長，大約二十～五十分鐘左右。

北美洲的十七年蟬很傳奇也很有名，不過臺灣蟬的生命沒有那麼長，大約一到五年，成蟲的生命只有兩週至兩個月。

臺灣對蟬的研究與紀錄還不算多，期待未來能有更多精彩的生態紀錄片，為臺灣留下美好的見證。

夏天是經常遇見臺灣熊蟬的季節。八月過後，再等一年。

北投是平埔族語「女巫」發音

任何人來到這個地方，應該忍不住感嘆大自然力量的神奇。溯溪而上，眼前是一片翠綠色的廣闊大湖。遠看似乎只見美麗的湖光山色，直到靠近了才知道這裡另有神祕。

這片廣闊的大湖，氤氳生煙，全部都是熱騰騰的溫泉，溫度高達攝氏八〇至一〇〇度。走近感受到熱度，就會忍不住好奇，到底是誰會需要這麼大的溫泉池來享受泡湯呢？是天上的神仙吧？

這裡是臺北市著名的北投，這片湖就是地熱谷，面積約三千五百平方公尺，差不多是很多學校操場面積的一半。溫泉跟硫磺有關，北投很早就以硫磺而出名，名稱的由來是當時平埔族原住民語「女巫」的發音，這可能反映了原住民對於硫磺與大面積高熱度溫泉的未知以及恐懼。

相較於北投有溫泉大湖，而被平埔族稱為女巫，其他也有溫泉的地方則各以當地原住民語來稱呼，例如「烏來」在泰雅族語裡的意思是「很熱的水」。

清朝康熙三十七年、西元一六九八年，福建派出了郁永河渡海來臺，為了是探勘及開採硫磺，以解決兩年前福建彈藥庫大爆炸造成的火藥損失。然後，又過了將近兩百年，到了光緒十三年、西元一八八七年，「磺務總局」成立，北投這裡才開始有了市街。

至於溫泉的商業化，直到日治時期才逐漸開發，據說孫中山先生在惠州起義失敗後曾經來臺在北投暫住，詳情如何有待更多考證；倒是日本的裕仁太子確實在大正十二年、西元一九二三年，因著總督府的安排而親自到來。日治時期昭和二年、西元一九二七年，北投溫泉聖地被選為臺灣的八景十二勝之一。

如今的北投，早就是溫泉勝地，許多業者接引溫泉做觀光商業使用，是溫泉愛好者的夢想樂園。

在各家溫泉湯池的源頭，正是這一片神祕的熱騰騰聖地，這裡不但溫度很高，水質的酸鹼度也很高，具有腐蝕性，俗稱「青磺泉」和「磺水頭」。

喜歡溫泉的人，一定要來看看這一片美麗高溫大湖，彷彿是天神獨享的溫泉池。凡夫俗子當然不可能進到溫泉湖去泡湯，但是可以近距離見證大自然造物的美麗與神奇。

平埔族有一族名叫「凱達格蘭族」（Ketaganan），這是現在許多人的認知。前總統陳水扁在任內時，為了表示對原住民的敬重，還把總統府前的道路從介壽路改名為凱達格蘭大道。

然而，歷史上平埔族真的有曾經自稱為「凱達格蘭族」的平埔族原住民嗎？有研究者對此提出了質疑，當然也有人反駁，兩種說法值得一起對比。

在日治時期，伊能嘉矩在明治三十一年、西元一八九八年完成《台灣土蕃開發狀況》的調查報告，首先提及凱達格蘭族。對此，撰寫三大冊《臺灣島史記》的前立法委員蔡正元指出：伊能嘉矩的著作「杜撰」了「凱達格蘭族」一詞。

伊能嘉矩說臺北盆地的平埔族自稱「凱達格蘭族」，資料來源是他聽一位名叫潘有密的人士口述。在伊能嘉矩倡議之後，許多人都援引他對於「凱達格蘭族」的說法，流傳已廣。

蔡正元對此提出翻案見解，他研究當時西班牙人、荷蘭人的記載文獻，完全沒有看到凱達格蘭族或是同音的稱呼，倒是發現西班牙文獻在西元一六二六年就已經有紀錄，把當時臺北盆地的平埔族稱為「巴賽族」（Basay），也有人翻譯為「馬賽族」，因此將近四百年前臺北盆地的平埔族人，應該是自稱、也被早期來臺灣的洋人稱為「巴賽族」或「馬賽族」，而不是兩百多年之後日本學者提出的「凱達格蘭族」。

至於伊能嘉矩提到的潘有密到底是誰？此人又是否真實存在，有不少人提出了質疑，至今仍是一個謎，因為始終未見與潘有密有關的其他記載。包括歷史研究在內的學術訓練，一向強調孤證不立，也就是只有單一證據恐怕難以成立，就此而論，伊能嘉矩的「凱達格蘭族」發現，如果始終只有孤證，就很有值得討論的空間了。

對於「凱達格蘭族」名稱予以翻案的主張，遭到了平埔族文史工作者的抗議，例如陳金萬就撰文指出：「『凱達格蘭在臺灣不存在』的說法，我們無法接受，因為無論是什麼名稱，都不能否定外來人群移住大臺北地區之前，本地居住著眾多平埔原住民的事實。」他批評蔡正元抹煞了原住民正名運動的辛苦，而且「嚴重失憶」。

從旁觀的角度來看，文史工作者可能小有誤會，因為蔡正元從來沒有否定臺北盆地曾經居住著許多平埔族原住民，他只是對當時原住民的名稱到底是什麼提出歷史考證，認為名稱應該是「巴賽族」或「馬賽族」，而不是「凱達格蘭族」。

誠如平埔族原住民的文史工作者所說：「除了族人以外，誰又有資格替原住民族命名呢？」這句話完全正確，所以從歷史研究的客觀角度，去探討當時臺北盆地平埔族原住民如何自稱，這是一項非常有意義的工作，而且絕對沒有否定平埔族原住民存在的用意。

如果有人對我們記憶或記載中的先人名字或是歷史提出考證，甚至可能推翻本來的名字及歷史，這當然不是否認先人存在，而且深具意義。

伊能嘉矩對於臺灣歷史研究非常有貢獻，但也偶有犯錯，尹章義教授在《臺灣開發史研究》一書舉出不少實例，這驗證了伊能嘉矩自己的一貫主張：盡信書不如無書。

身為臺灣人，當知臺灣史。所有研究都是提出了假設之後，還要小心求證。針對「凱達格蘭族」與「巴賽族」到底哪一個是當時平埔族人的稱呼，或者兩者都存在？值得以謙卑的社會科學研究精神，用更多的研究與證據來證明。

到底誰是漢人中的臺灣第一人？是鄭成功嗎？還是鄭芝龍？或是顏思齊，一個可能很多臺灣民眾都不熟悉的人名。

文學家楊渡在《一六二四，顏思齊與大航海時代》一書透過鮮明的描寫以及豐富的史料，深入淺出，重新帶領讀者回到那個全世界進入大航海時代的臺灣。

楊渡指出，顏思齊在明朝天啟四年、西元一六二四年（年代有不同說法，例如雲林縣政府認為是西元一六二一年），因為預謀佔領日本海港失敗而來到臺灣，建立了第一個大型的村落，這也是漢人在臺灣規劃城鎮的開始，所以有人認為顏思齊才是真正的「開臺王」。林衡道則認為顏思齊是天啟二年就已經到臺灣，在笨港（今北港）登陸。同樣在西元一六二四年，俗稱荷蘭人的尼德蘭人來到了臺灣。顏思齊過世之後，原本追隨他的鄭芝龍接替而起，但是重心隨即移回福建。此後荷蘭人逐步擴展地盤，一直到西元一六四五年，臺灣西部平埔族原住民大部分都接受荷蘭人的統治，再往後才有鄭成功登場並在西元一六六二年收復臺灣。

《一六二四，顏思齊與大航海時代》鮮明還原了為什麼從福建漳州到臺灣來的人特別多，除了地理距離比較近，還牽涉了「消失的古瓷」。

原來明朝時王陽明發現福建貧困，所以從江西引入了瓷器產業，結果竟在西方造成大轟動，這也是促成了大航海時代的原因之一。

王陽明，本名王守仁，以「陽明心學」而聞名，所以被世人稱為陽明先生，他提倡從自己的內心世界去尋找「理」，認為「理」全在人「心」。除了學問之外，王陽明一生最大的軍事功績，是平定了正德十四年、西元一五一九年朱宸濠發起的「寧王之亂」。周星馳的香港經典電影《唐伯虎點秋香》，就是發生在亂事之前兩年。唐伯虎雖有才華，但一生困苦，與電影形象大有出入。

至於當時轟動西方世界的瓷器產業，發生在稍早的正德十一年、西元一五一六年，因福建漳州發生農民起義，王陽明從江西帶兵前往閩南平息亂事之後，奏請朝廷在當地設立平和縣，期盼永遠平和，他帶去的許多士兵因而就地解甲定居，其中有不少是江西籍的瓷器匠工，因此造就了漳州瓷器業日後有百年興盛。

明朝隆慶元年、西元一五六七年開放海禁，以漳州月港（今海澄）為通商港口，月港遂成為國際貿易大港，漳州瓷器也得以外銷西方世界。儘管漳州瓷器的做工不如江西瓷器那麼精緻，但是對西方洋人來說已經非常有吸引力了，被稱為克拉克瓷。歐洲的洋人原本一直使用銀製的餐具，自此之後，才逐漸改用克拉克瓷的餐具。

明朝末年百業因動亂而蕭條，清朝初年又禁止海外貿易，漳州瓷器和產業開始逐漸衰落，在歐洲也因不再有供給而一度被稱為「消失的古瓷」。瓷器產業因故趨向沒落之後，很多居民紛紛跨越黑水溝（臺灣海峽中最危險的水道，也泛指臺灣海峽）來到臺灣，也有居民成為海上商人，甚至是海盜，其中就包括了顏思齊與鄭芝龍。他們帶領的眾多海上部屬，不少就此成為漢人移民海外的先行者。

媽祖是外國人或混血兒？

媽祖信仰在臺灣非常普遍，幾乎一般民眾都對於媽祖的故事略知一、二。媽祖有不同分靈，有大媽、二媽、三媽、四媽、五媽、六媽，還有霧峰媽，各有分工及不同性格。這一點很多人可能未必知道。

更多人沒想過的是，媽祖的本尊可能是外國人或是混血兒。

研究媽祖的歷史學者蔡相煇教授指出，早在明朝就有文獻記載認為媽祖可能是外國人，而且可能是來自中東的阿拉伯人或是波斯人，就像是金庸的武俠名著《倚天屠龍記》裡面的四位女主角之一，具有波斯血統的明教聖女小昭。

前述文獻，是明朝學者何喬遠編寫的《閩書》，裡面首先提到「天妃為來閩貿易的賈胡之女」，「賈胡」就是指外國商人，但是這個說法沒有提出任何佐證，所以不被研究者重視。蔡相煇教授進一步分析指出，文獻記載媽祖的生平版本有十多種，最常見的是說媽祖出生於湄洲島，這個島就算到了現在，都算不上是繁華的都會區，在北宋年間更是非常偏僻，島上的主要居住者，應該不是一般的中土人士，而是遠洋而來的船商，當時主要的船商來自於中東的航海貿易商人。除此之外，根據許多歷史考證，當時中東人士來華定居者，入境隨俗，改姓林或是改姓丁者頗多，媽祖本姓林，符合這一點。

不過明朝的這份文獻是「孤證」，嚴謹的學術研究認為孤證不立，所以雖然有合理的蛛絲馬跡，但是欠缺充足證據，所以不被採信，只能存參。

目前找到最早的文獻，是南宋紹興二十年、西元一一五〇年的記載，只提到媽祖出生於北宋年間，居住在莆田的湄洲島，姓林。只有簡單的幾個字而已。當時距媽祖的年代只有一百多年，資料已經非常少，根本沒提到媽祖的父母親或是家庭資料，連閨名也沒有提及。

到了元朝至正九年、西元一三四九年，才有文獻提到媽祖的生父之名。從元朝、明朝、一直到清朝，媽祖的生平故事越來越多，陸續出現了媽祖的父親官職、母親姓氏、媽祖名默（依當地習俗在往生或升天後加一字而稱默娘）、家中信仰觀世音菩薩、許多海上救難傳奇、甚至說媽祖就是觀世音的化身等。

當代熟知的媽祖種種，在清朝康熙年間才成熟，這多虧了跟媽祖同為莆田人又同姓的林堯俞，他在明朝末年當過禮部尚書，編修過《光宗實錄》，當官時一直想將媽祖列入國家祀典但沒成功。林堯俞離開官場後撰寫《天妃顯聖錄》，有助於確立媽祖生卒年等生平事蹟以及信仰的理論基礎。林堯俞在明朝崇禎元年、西元一六二八年過世，直到康熙十五年《天妃顯聖錄》、西元一六七六年才由他的後代首次刊行，後因清朝收治臺灣，在康熙二十三年、西元一六八四年再次修改重新刊行之後廣為流傳。

此刻藍天白雲、太陽明亮，站在殘存的礦坑入口，眼前的礦坑依然漆黑，連前面三、五公尺都看不清楚。看不清的不只是礦坑隧道，還有煤礦的悠悠歲月。臺灣煤礦走過了多久的歲月？根據荷蘭人的記載，臺灣當時已有煤礦開採。這麼說來，臺灣煤礦也有四百年史，可惜很長一段時間都欠缺記載。

在同治朝之前，很少有臺灣煤礦的相關記載，但是案情絕對不單純：清朝從西元一八五八年開始，陸續與各國簽約允諾開放港口，臺灣在西元一八六一年先開放淡水通商、緊接著一八六三年開放雞籠（今基隆）、一八六四年開放打狗（今高雄）、一八六五年又開放安平（今臺南）。臺灣一開港通商，居然在一八六〇年代就有煤礦出口，可見民間一直有開採煤礦，只是很少有文獻記載。

光緒二年、西元一八七六年，臺灣第一個官礦在八斗子開採，以船運運往福建提供造船廠使用。到了光緒十年、西元一八八四年中法戰爭爆發，法軍攻佔基隆，臺灣巡撫劉銘傳為了避免資敵，下令炸毀官礦。有了官礦，才留下了明確的記載。在此之前的兩百多年臺灣煤礦史，幾乎是一片空白。

明治二十九年、西元一八九六年，總督府嚴格進行礦權登記，並規定「經營礦業只限於日本國民」，私採逐漸消失，許多礦權也因此移轉。日治時期的煤礦管理，有助於留下煤礦記載，但是也常讓人誤以為在這之前臺灣沒有煤礦開採。

臺灣很多地方都有煤礦，例如新北市的新店區就曾經有多處重要煤礦，包括和美、明治、振山、啟益、敬祥、指南與安順等多個煤礦，但是現在可能連在地人也未必記得這些煤礦的名稱了。

西元一九八四年，是臺灣煤礦史最悲傷的一年，這一年發生了三次重大煤礦災變，最少造成二七七人死亡，從此以後，礦業快速走向沒落。西元二〇〇〇年，包括安順煤礦在內的臺灣最後四個煤礦場宣告停工，臺灣四百年煤礦史翻到了最後一頁。

對於煤礦，北臺灣民眾想到的可能都是九份或金瓜石，或許是受了早期經典電影《多桑》、《悲情城市》等作品的影響，九份藉此發展觀光產業也有貢獻。

新店早期的主要煤礦，現在還偶爾會被提起的只剩下和美煤礦，一來是因為礦坑入口保存良好，二來是地點就位於碧潭風景區旁，很容易可以找到，三來則是因為和美山就是因為和美煤礦而得名。

其實新店原本的幾大煤礦，都距離碧潭不太遠，和美煤礦就在碧潭的邊上，另外還有兩座煤礦則稍遠一點，一座是位於碧潭南邊、北宜公路旁的明治煤礦，另一座則是位於碧潭北邊、檳榔路旁的振山煤礦。

儘管另兩座煤礦分別位於和美煤礦的南與北，但是和美煤礦屬景美煤田，明治煤礦和振山煤礦則都屬於石碇煤田，煤田的脈絡不一樣。

臺灣的主要煤礦都是在日治時期才開始設定礦權，例如明治煤礦的前身為大坪林炭坑、文山炭礦，本來是由日本人吉川榮三郎取得礦權，昭和七年、西元一九三二年合併了其他礦區，礦業人改為駱世安、劉永添、黃程輝。昭和十三年、西元一九三八年，礦名變更為明治炭礦；戰後又改名為明治煤礦，在西元一九五〇年已經收坑。

振山煤礦在明治三十一年、西元一八九八年設立礦權，昭和十四年、西元一九三九年更改礦業人為劉明與李龍卿，但是西元一九四九年就已收坑。

和美煤礦原本礦業主是廖和先生，在西元一九四八年轉讓給林秀卿先生，後來因為和美煤礦發生礦災，又有嚴重滲水，於是在西元一九六六年廢棄。

新店區的主要煤礦，目前只剩下和美煤礦的坑口還算保存良好，坑口就在碧潭渡口靠近灣潭這一側的西邊大概幾十公尺之處。由於該處沒什麼發展，礦口附近既沒有房舍建築，也沒被違章建築占用，最多只是暫時被叢生的綠草稍微掩藏，要找到並不難。

相較於和美煤礦的坑口保存還算完好，其他煤礦就很難追尋了，以明治煤礦與振山煤礦為例，明治煤礦的坑口因為充滿了後人加蓋的建築，已經很難再尋覓，至於振山煤礦的坑口，更是早就已經塌陷了。

新店在安坑靠近三峽一帶山區，還有多個煤礦，包括啟益煤礦、敬祥煤礦、指南煤礦與安順煤礦等，各自變更過礦權或是名稱，其中的安順煤礦，公司登記一直到西元二〇〇五年底才廢止。

清初臺灣海峽的「兩頭蛇」

清朝初年的臺灣海峽有兩頭蛇？這不是隨便說的，而是有根據。著名的《裨海紀遊》是有史以來第一本臺灣遊記，作者郁永河在康熙三十六年、西元一六九七年坐船橫渡黑水溝從大陸經澎湖來臺。他從福建來臺灣，是為了採勘及開採硫磺，順便寫了一篇遊記。在渡過臺灣海峽時，遊記載特別提到「有紅黑間道蛇及兩頭蛇繞船游泳」。對，不必懷疑，他原文寫的就是兩頭蛇以及游泳。

臺灣海峽真的有兩頭蛇嗎？這種宛如奇幻文學《辛巴達歷險記》裡才有的異獸，相信絕大多數的讀者以前都沒有聽說過。如果想深入研究郁永河的大作，那也挺好，但別忘了畢竟是三百多年前的著作，多數文句其實是不容易閱讀的文言文。

還好，當代文學家及文學評論家宋澤萊（本名為廖偉竣）做出了令人印象深刻的貢獻，他在《臺灣文學三百年》裡面的點評很有意思：「臺灣附近的海域當然有海蛇，可惜就是沒有紅黑相間的海蛇；同時，海蛇沒有兩個頭」。

很多讀者們應該都久聞《裨海紀遊》一書的大名，但就可能沒有真的找書來翻開閱讀。不只《裨海紀遊》，跟臺灣相關的經典著作還很多，想看的話，或許可以從宋澤萊的大作開始著手，他在西元二〇一一年先出版了《臺灣文學三百年》，出書後意猶未盡，又在西元二〇一八年寫了《臺灣文學三百年續集》。

這兩本書，光是書名看起來就很沉重，料想更像是一本理論書、教科書，就算出現在自己的書架上，應該也很少有人會想去翻閱，或許直到有一天書架上想看的書都看完了，才會去翻開這兩本書。

對，這兩本都是理論書，也可以當教科書，但是非常好看，睡前翻開，保證可以一口氣看完大半本，甚至直到夜深也不捨得去睡。

文學的發展跟歷史密不可分，也能找到理論來詮釋，這些不難想像。但是宋澤萊寫起臺灣文學的來時路，如果用誇飾法來說，真是「上窮碧落下黃泉」，找出了很多早就被現代社會漸漸遺忘的重要文學家，更難得的是能用淺顯的文字加以介紹、分析，然後又結合了一個妙不可言的「文學四季變遷理論」，讓本來不懂臺灣文學史與文學史理論的讀者，忽然就豁然開朗，彷佛一步就跨進了臺灣文學史的大門。

《臺灣文學三百年》看完，應該會欲罷不能又找續集來看，於是發現清朝對於臺灣海峽雙頭蛇的有趣記載，還有舉人老爺陳維英曾經搬到樹上居住，一心想要當「鳥人」

的奇特真實故事。陳維英生於臺北市大龍峒的「老師府」，也就是陳悅記祖宅，一門三舉人，包括陳維英與其兄陳維藻，兄弟都中舉，傳為美談，但是很多人都不知道陳維英還有當「鳥人」的志向與行動。這兩本書所呈現的臺灣文學三百年，比許多精彩小說更好看。

這兩本書可以打開臺灣文學與歷史認識的全新視野，更摘錄了很多前人真實文學之中最傳奇的部分，就像是精彩的藏寶圖，讓人一步步重新找回臺灣文學三百年裡的寶藏。這兩本書都非常有趣易讀，有興趣的讀者千萬不要被這麼氣勢磅礴的書名給嚇住了。

康熙二十二年、西元一六八三年，鄭克塽投降，臺灣正式納入清朝版圖，設一府三縣，臺灣府隸屬於福建省，下有臺灣、鳳山、諸羅三縣，北臺灣皆屬諸羅縣。當時臺灣一府三縣主要位於現在的臺南以及部分高雄與嘉義，另外還有淡水也是漢人比較早開發的地方。除此之外，北臺灣其他地方大多都是原住民的範圍，漢人很少踏足，直到康熙年間才開始鼓勵墾荒。

臺灣的鼓勵墾荒，與福建缺糧有關。福建多山、少平原，不利種稻，從南宋以來就存在米糧供不應求的問題，長期依賴外省的輸入。明末清初，每逢外省出現災情，糧米無法輸入，福建立刻就會受到飢荒的嚴重衝擊，甚至出現動亂。

康熙四十二年、西元一七〇三年起一連三年，山東等地發生了史上罕見的災情，先是嚴重水災，接著是連續旱災，史稱「山左奇荒」。從現在的科學來看，當年天災很可能是受到了「聖嬰現象」的影響，氣候異常，造成天災。有記載指出當時的災情達到了「大飢，人相食」、「民死大半」的慘況，因飢荒而死的人數難以估計。

當年的山東等地因為災情而缺糧，福建立刻受到影響，所以後來才出現鼓勵臺灣墾荒的勸墾政策，希望能從根本解決福建糧食不足的問題。

在勸墾政策之下，今天臺北市、新北市及桃竹苗才出現大規模的墾荒，漢人陸續遷入。

現存最早的一份墾荒文書，是歷史學者尹章義在民國六十九年、西元一九八〇年發現。尹章義受託撰述〈新莊志〉，在田野調查時意外獲得，他稱之為〈張廣福文件〉。

根據〈張廣福文件〉，康熙四十八年、西元一七〇九年七月，「署諸羅縣事宋，為墾給單示，以便墾荒裕課事。據陳賴章稟稱，竊照臺灣荒地，現奉憲行勸墾章。查上淡水大佳臘地方有荒埔一所，東至雷匣秀朗，西至八里坌干脰外，南至興直山腳內，北至大浪泵溝，四至並無妨礙民番地界，現在招佃開墾，合亟瀝情稟叩金批，准給單示，以便報墾陞科等情。業經批准：行。」

這是陳賴章響應了官府的勸墾政策，先去調查並確認要開墾的地方，沒有妨礙其他漢人或是原住民，據以向官府回報，以申請墾照。官府又指派人員前往複查確認之後，「合給單示付墾。」

過去對於陳賴章到底是誰，多有討論，有說陳賴章是泉州人士，甚至還有人幫他寫了傳記。直到尹章義教授進行田野調查時，在一棟老屋的閣樓中發現〈張廣福文件〉才得到確實解答。在康熙四十八年、西元一七〇九年十一月的合夥契約，清楚呈現了陳賴章是墾號，是由陳逢春、賴永和、陳天章、戴天樞、陳憲伯這五人合作組成的開墾公司。五位股東各為泉州三邑以及同安人。

進一步來看，另一份合約顯示陳賴章墾號的內部另有分工：「上淡水大佳臘地方荒埔壹所；東至雷匣、秀朗，西至八里坌、干脰外，南至興直山腳內，北至大浪泵溝，立陳賴章名。又請墾淡水港荒埔一所；東至干豆口，西至長頸溪南，南至山，北至滬尾，立陳國起名字。又請墾北路麻少翁社東勢荒埔壹所；東至大山，西至港，南至大浪泵溝，北至麻少翁溪，立戴天樞名字。」

上述合約顯示墾號之內又有分工，一起開發今天的臺北市，新北市林口、八里、雙和與新莊區以及桃園沿海一帶。其中若干人名，其實也是墾號。

陳賴章取得墾照後，似乎遲遲沒有落實招佃墾荒，土地在雍正年間仍多荒蕪，於是給了其他人競墾的理由，引發多年訴訟。

前述墾照只是針對無主荒地，至於原住民土地，原可自主給墾招佃。例如乾隆十八年、西元一七五三年，平埔族的擺接社就跟「漢業戶張廣福即張仁豐」簽訂墾荒合約。

張廣福是張方高家族的墾號，張家第一代是從福建遷到雲林耕讀的張士箱，屢試不中，開始指導其子方高、方深、方遠、方大投入墾荒，致富之後，子孫在乾隆年間有六人考上舉人，傳為佳話，被稱為臺灣最盛的功名家族。

清朝官方在臺灣規劃建造的臺北城，為時甚晚，而且一波多折。原本建築臺北城最優先考量的地點之一是基隆，而不是如今的臺北。

臺灣本來只有臺灣府一府，到了光緒元年、西元一八七六年新增臺北府，下轄三縣一廳。清廷決定臺北設府之後，就開始討論臺北城要建在什麼地方，當時臺北府的管轄範圍不只現在的臺北，還包括了淡水縣、宜蘭縣、新竹縣以及基隆廳。原先的規劃是在基隆建城，因為基隆在當時的戰略地位非常重要，面海靠山，附近還有工業革命興起之後最需要的煤礦，發展的條件也相當理想。

當然，基隆也有先天限制，就是連結臺北或是臺灣其他地方不太方便，因為獅球嶺一帶的山勢造成交通阻礙，在陸地交通比較麻煩，尤其是在早先穿山隧道尚未開通、鐵路還沒貫通之時更是如此。咸豐四年、西元一八五四年，福建小刀會數千人在對岸被擊敗，跨海流竄而來，從海上攻佔基隆。當時讓清朝在臺的官員苦於難以救援，後來靠著官方動員民間一起合作，才擊退了佔據基隆的小刀會。因為這場戰役，遠從霧峰林家來支援的林文察開始登上歷史舞臺，後來還被曾國藩推崇是眾人公認的福建（包括臺灣）第一名將。

基隆是本來規畫的建城之地，當時福建巡撫丁日昌就認為基隆戰略位置重要，應該建造臺北府城於基隆，但是海防大臣沈葆楨偏愛在臺北建城。對臺灣史多有研究發現的尹章義教授指出，當時還有官員跟地方勢力勾結炒地皮（可見官商合作炒地皮的歷史悠久），所以改成在臺北建城，而且挑選的艋舺土地還是當時低窪容易淹水之處，根本不適合建城。正因地理位置不理想，所以土地便宜，適合炒地皮，這是古今不變的炒地皮招數之一。

建城涉及風水，風水之學跟宋朝朱熹的理學有密切關係，尹章義教授指出，中國的知識分子都懂風水，只是程度高下有別，例如第一位真正來到臺北辦公的臺北府知府陳星聚就是風水高手。對在臺灣建城這件事，雖然也有主事的官員想要堅持理想，想要把臺北府的府城蓋在基隆，但是引起了地方勢力的反彈，最後只能黯然離職。尹章義教授透露，這裡面還牽涉到風水大鬥法，清朝希望臺灣風水安定，但是又不能太好，以免助長了帝王風水，所以當時確實派了高手來臺灣「敗風水」，現在的臺北城不只是炒地皮的結果，也是風水鬥法的結果，這也影響了後來的臺灣運勢。

臺北城是臺灣第一座全石條建造的城池，也是清朝最後興建的一座城池，連建城角度也經過角力才改變。臺北府城的興建已經一波三折，臺灣省城的興建更是處處坎坷，以致最後沒有建成，這個故事另外撰文分享。

板橋區是新北市的核心，根據內政部最新統計，設籍人口已經超過五十五萬人，比半數的縣市都還要多，居民多，地方卻不大，加上開發已久，人多廟也多。

一般漢人可能沒有想過，常見的土地公廟也大有學問，例如板橋有三家土地公廟就非常不凡，因為融合了清朝前期的漢人墾戶，以及在地平埔族原住民的信仰及歷史。

根據文史研究，土地公的信仰跟農業文化息息相關，因為農業文化重視土地，所以祭祀土地公，這種信仰源於幾千年前的「社祭」，而社祭則是源於對土地的崇拜與尊敬。

不只漢人因為種稻米而敬土地，平埔族原住民也很早就開始種稻米。從荷蘭人的記載可以得知，淡水一帶的平埔族聚落，早在西元一六四八年，就偶有漢人與平埔族女性結婚並且教導稻米耕種。隨之而來的，就包括了漢人的土地公信仰，後來許多平埔族原住民就結合了祖靈信仰與土地公祭拜。

光是在新北市板橋區，最少就有三家土地公廟跟平埔族的武勝灣社息息相關，一是光復橋下的承德宮，裡面除了土地公之外，還有武勝灣社歷代祖先牌位。

根據盛清沂、吳基瑞兩位先進在西元一九八八年纂修的《板橋市志》，港嘴里過去是原住民的舊社，到了清朝光緒十五年、西元一八八九年，平埔族武勝灣社後代潘樟興在當地蓋了一間小廟，當時還被稱為番土地公廟，小廟在西元一九八一年遷移重建，仍然位於光復里，後來擴建為福德祠。廟內原先有一顆大石頭，相傳為武勝灣社信仰的自然神祇，過去被當地民眾稱為「番土地公」。

可惜，曾經代表武勝灣社土地公信仰的這顆大石頭，如今已不存在，何以如此也未見詳細記載。還好，在前述的《板橋市志》一書，還可以看到「番土地公」的黑白照片，留下了珍貴的見證。

除了承德宮與福德祠、位於板橋區振興里的埔墘福德宮，根據《板橋市誌》的記載，建於清朝乾隆十九年、西元一七五四年，歷史非常悠久，也被認為與平埔族武勝灣社人有關。

光緒十五年、西元一八八九年，劉銘傳巡撫丈量土地，當時原住民的社籍與土地依然完整，可見當時平埔族雖然文化已經漢化，仍舊保有原住民身分的認知。

日本統治臺灣時期，對於全臺的戶口調查非常仔細，連婦女有無纏足也有明文記載，對原住民也有詳細記載，會註明「蕃」字（清朝以來都用番字，日本人則使用蕃字），至今仍可從戶籍謄本看出。有些人不確定自己到底有沒有原住民的血統，追查時多虧了當時的戶籍資料才輕鬆找到證據。

日治時期出版的《平埔蕃調查書》一書還記載指出，板橋（尤其是如今改稱江子翠的港仔嘴）武勝灣社，是在兩百多年前從新莊地區遷移而來。歷史學者溫振華則認為，武勝灣社本來的居住範圍非常廣，除了現在的板橋江子翠一帶，還有新莊、三重、泰山、五股一帶。

都市裡的番土地公廟，應該不會只存在於板橋一地，全臺各處可能還有不少具有原住民信仰傳承的土地公廟，值得探索。

回顧臺灣歷史，不只族群之間有衝突，各族群內部也有衝突，所以這種衝突的正確名稱是「分類械鬥」而不是「族群械鬥」，實際發生的次數以千百計，死傷成千上萬，人命如草芥。

別以為分類械鬥是一場又一場，例如最有名的兩場分類械鬥，包括了咸豐三年發生的「頂下郊拚」，以及咸豐九年發生的漳泉大械鬥，這是大臺北地區規模最大的兩場械鬥。郊，是當時的商業團體的名稱，頂郊與下郊是艋舺當地兩個對立的商業團體。

然而，前述對於械鬥的說法或許未必正確，因為咸豐三年發生的嚴重械鬥，固然有其前因，在此之後還延續了七、八年之久。所以包括了咸豐三年、咸豐九年在內的漳泉械鬥，以及在這之前、在這之後的許多場械鬥，其實都有連續性，本質上根本是一場無法完全切割的臺灣內鬥。

清朝咸豐三年、西元一八五三年的「頂下郊拚」，是發生於艋舺的分類械鬥，一方面是結成頂郊的泉州三邑人（三個縣，故稱三邑），另一方面是結成下郊的泉州同安人，結果同安人敗走當時還有許多原住民居住的大稻埕。

臺灣第一位本土進士鄭用錫（在他之前臺灣也有人考上進士，但不是在地人，只是借用臺灣名額），在這一年曾經寫下〈勸和論〉一文，可惜卻無法阻止後續的械鬥。

咸豐三年，臺北不只發生頂下郊拼，還有閩粵械鬥、漳泉械鬥，彼此因為攻守聯盟的合作或不合作而互有關連。

到了咸豐五年、西元一八五五年，漳籍的板橋林家開始興建板橋城（比臺北城早二十九年，是臺灣第一座以石牆為主的城堡），這座城有助於漳州人在咸豐九年、西元一八五九年那場規模空前慘烈的漳泉大械鬥中，擊敗了主要以艋舺、新莊一帶為根據的泉州人。推估當年雙方各有三千人以上捲入械鬥，兵力有限的地方官府根本無法阻止，只能避免被波及，但官衙還是多次遭到焚毀。械鬥後也是民間各自收拾死傷，所以真實的死傷人數始終沒有正式估計。

至今還有兩間廟宇存世，見證當年械鬥的慘烈，一是「迪毅堂」，這是板橋林家的林維源為了紀念家將徐才等人而建造。關於建造年代，日治時期淀川喜代治的《板橋街誌》，以及盛清沂與吳基瑞兩位合著的《板橋市志》，都認為是在同治十二年、西元一八七三年所建。不過王國璠在西元一九七五年寫的《板橋林氏家傳》，則認為是在械鬥隔年的咸豐十年、西元一八六〇年所建。雖然《板橋街誌》的出版時間較早，在日治時期的昭和八年、西元一九三三年，但是《板橋林氏家傳》的出版者是板橋林家，年代應該有其根據。合理推論，或許是械鬥隔年已有祭祀，但是同治年間才擴大建廟。

另一間廟宇是板橋大眾廟，是板橋林家與地方仕紳合建，廟中的〈重建記序〉表明興建於械鬥隔年的咸豐十年、西元一八六〇年。相較於前述迪毅堂主要是祭祀林家的家將，大眾廟則是祭祀在械鬥中死去的無主孤魂。

在臺灣械鬥不停的漳州人與泉州人，在咸豐十年、西元一八六〇年終於大和解，原因之一是械鬥結果太慘，之二是當時外有列強環伺，外國人都快打進來了，威脅更大。板橋林家的林維讓兄弟主動將妹妹許配給泉州的舉人莊正。在這場「世紀婚禮」之前，漳、泉的世家之間幾乎不通婚嫁；林家又把板橋林家旁邊一塊地捐出來，並且出資建立大觀學社，請莊正主持，廣收漳泉子弟一起學習，從小建立情誼，終於不再有大規模的漳泉械鬥。

取大觀學社這個名字是由於當時漳州人大多住在大屯山附近，泉州人則大多住在觀音山附近，故從兩座山各取第一字，合為大觀學社，以示融合。板橋大觀路的命名應該與此有關，不過今日大觀學社已改名大觀書社，地址是新北市板橋區西門街，至於國立臺灣藝術大學所在的新北市板橋區大觀路，現在已經跟大觀書社相隔了數百公尺的距離。

分類械鬥雖然慘烈，正史記載不多，往往只有寥寥數語。醫生出身的文學作家王湘琦，在他的《俎豆同榮》一書，鮮明重現了頂下郊拚的慘痛情況，讀來深感怵目驚心，深深認為應該引以為戒。

臺灣第一城，可以指清廷用木柵興建的臺南城，也可以指清廷用石塊興建的臺北城。

臺灣最早的石頭城，其實不是官方興建的臺北城，而是由板橋林家所興建的板橋城。在此之前，臺灣當然也有城池，但是早期是種刺竹當城圍，後來陸續改用木材與土泥，官方真正以石塊當材料的第一座城池，是光緒十年、西元一八八四年完工的臺北城。

但官方的臺北城出現之前，臺灣已經有石頭城，那就是民間的板橋城。

板橋城建於清朝咸豐五年、西元一八五五年，比臺北城早了二十九年。堅固的板橋城有東門、南門、西門、北門與小東門五個城門。這座城池讓板橋林家得以在咸豐九年、西元一八五九年的漳泉大械鬥中，經過慘烈犧牲後還能反守為攻，從板橋打回新莊。可惜，板橋城在日治時期已經遭到拆除，現在已經幾乎看不到這座城的痕跡，只剩下引人遙思的特殊街道名稱，例如西門街、北門街，間接證實了城門曾經存在。至於當年板橋城的真正「護城河」，現在也已看不到溪河樣貌。

板橋城曾經有護城河？板橋曾經有河？這可能令不少人訝異。如果問：板橋的蛋黃區有幾條溪河？市府前面有溪河嗎？相信答得出來的民眾恐怕沒有幾位，如果能說出正確答案，那就可以算是板橋文史達人了。

針對板橋境內有幾條溪河，有人可能會想起赫赫有名的新店溪與大漢溪。但這不是正確答案，尤其新店溪是圍繞新北市板橋區，而不是在境內；至於大漢溪，則只有很短的一小段穿越板橋而切割出靠近樹林區的一小片土地。

臺灣藝術大學的學生們應該都可以說出其中一條，那就是被暱稱為臺藝大「護校河」的湳仔溪或湳仔溝，因為這是流經學校旁邊的溪河，而且學生們每次要從學校前往湳雅夜市，一定都會經過。

至於市府前面有溪河嗎？有人或許會想到「新板萬坪都會公園」，裡面不只有溪河，還有小湖。但這也不是正確答案，因為那只是人造的水道及水池而已。

針對第一個問題，標準的答案是在板橋境內，一共有四條天然溪河，外加數條人工圳道：原本有大漢溪、湳仔溪、公館溪、港仔溪這四條溪河，大漢溪因為穿越板橋境內非常短，只流經靠近樹林的那一側。至於湳仔溪後來隨著河道縮減壅塞，慢慢被改稱為湳仔溝、公館溝、港仔溝。湳仔溝因為流經了湳雅夜市與臺灣藝術大學中間，知道的人比較多，其他兩條溪河就慢慢被遺忘了。除此之外，板橋境內還有大安圳、永豐圳等人工開鑿的水圳。

回顧過去，先民剛到板橋，就是引用溪河的水來種植水稻，於是沿著溪河發展出聚落，聚落名稱也反映了這段歷史，例如：社後、後埔、湳仔、新埔等。

乾隆十三年、西元一七四八年，林成祖在板橋開鑿大安圳，引入大嵙溪（今大漢溪）的水，經過土城到四汴頭，再分流灌溉四汴頭到港仔嘴的田；林家也鑿永豐圳，促成了板橋發展。

當板橋慢慢從農業區轉型為都會區之後，原本的溪河慢慢淪為溝渠，也漸漸失去功能，例如公館溪就變成公館溝。民國六十九年（西元一九八〇年）為了拓寬道路，把公館溝加蓋舖成馬路，加上為了避免市區水災，把上游的水改向導入湳仔溝，從此以後，公館溪慢慢淡出了居民的生活與記憶，變成了排放廢水的下水道。

市府前面的溪河，指的就是原本的公館溪，後來名稱變成公館溝，從現在的亞東醫院，流經林家花園，再流到市府前。這條公館溪，正是咸豐五年興建板橋城時的護城河，是真正的溪河成為護城河，而不是人工挖出來的護城假河。

從公館溪到公館溝，後來又被加蓋而淪為下水道，從此不見天日，當年的美麗溪道，成為如今的公館街。這條街正是因為沿溪而成，所以蜿蜒曲折，被在地人暱稱為「蛇街」。許多板橋的新居民只知道市府前方、跟文化路平行，有一條道路因為非常蜿蜒而被俗稱為「蛇街」，卻不知道這蜿蜒曲線的背後大有歷史，正是曾經灌溉板橋、如今已被遺忘的公館溪。

公館溪失去了上游注入的水，上面的公館街又已高度開發，恐怕再也沒有機會重見天日。板橋的港仔溪消失了，公館溪遮蓋了，只剩湳仔溪在新北市水利局的多年整治之下，先前的髒臭已經去除許多，又有了一線生機。期待湳仔溪能夠繼續恢復往日的樣貌，留住曾經灌溉板橋、滋養先民的美麗溪河。

全臺灣，不，全世界，都有溪河默默消失的故事。長輩經常說，記得小時候那裡有一條溪，還可以下去玩水抓魚……百年前的臺灣有多少溪河？這些美麗的溪河，如今哪裡去了？有的溪河在歲月的沉澱中變髒變臭，淪落為臭水溝，再加上水泥蓋之後，從此眼不見為淨。有的溪河被奪走了上游的水源，一步步乾涸、死去。這一切，都跟人口茂密及都市叢林興起有關係。

溪河消失了，有人不以為意、有人感嘆、有人追憶、更有人努力想要找回消失的溪河。

新竹牛欄河、臺中綠川、彰化鹿港溪、南投貓羅溪，北中南都有人努力想拯救記憶中在故鄉的美麗溪河。

有的溪河雖然瀕危，但還來得及搶救；有的溪河已經斷氣，沒有留下痕跡。

新北市板橋區境內原有四溪，除了大漢溪，其他三溪都已隨著都市發展而逐漸面目全非、甚至完全消失，只剩下淪為湳仔溝的原湳仔溪還看得到，至於公館溪、港仔溪早已看不見，尤其是港仔溪，即使老板橋人也幾乎已經完全沒印象了。

很多人都知道捷運板南線從臺北進板橋的第一站是「江子翠捷運站」，卻未必知道「江子翠」原來是從「港仔嘴」而來，也就是「港仔溪」流入新店溪之處。原本港仔嘴的範圍，大致包括了現在的港嘴里、振興里、振義里及光復里，可見佔地頗大。

在《台灣人類學之旅》一書，收藏了一張港仔嘴平埔族武勝灣社多人在住屋前的生活照，拍攝於明治三十年、西元一八九七年。這本書是由日本來臺的人類學家鳥居龍藏撰寫、臺灣古道學者楊南郡翻譯。可見一二四年前，港仔嘴還有許多平埔族居住，而如今已經幾乎消失。原住民平埔族跟漢人通婚並且被同化，或許是在過去一百年快速發生。

早先的港仔溪可以行船，享有水利之便，所以在清朝聚集了不少人口，此溪一直到日治初期還在，根據日本總督府百年前的空拍照檔案，還可以看到港仔溪從大約從今天四維公園的位置，向東流到光復大橋而進入新店溪，橫跨了大半個板橋區。

可惜就在短短一百年之內，港仔溪很快就變成港仔溝，然後又因都市開發而從地表上完全消失，連有沒有深藏在地下的殘存溪道都是問題。

目前文獻大多數只提及港仔嘴，卻很少提到港仔溪或是港仔溝。提及港仔嘴的文獻主要只提及：本地東臨新店溪，為港仔溝入溪之口，昔日形成一個小河港，清治後期至日治初期為「港仔嘴庄」，隸屬於擺接堡。因原為平埔族群原住民凱達格蘭族武勝灣社的聚居地之一，故當時有舊社、新社兩個主要聚落。其北鄰為江仔翠庄，西側為下深坵庄，東及東南與加蚋仔庄以新店溪為界。大正四年、西元一九二〇年，港仔嘴庄改制為「港子嘴」大字，隸屬於臺北州海山郡板橋街。戰後劃為港嘴里。

光復橋的前身是昭和八年、西元一九三三年完工的「昭和橋」，當時是吊橋，直到西元一九九七年改建。板橋在光復橋這一帶，因為離臺北近，享有地利之便，興建了大量高層集合住宅，吸引了大量外來人口移入，是板橋最早都市化的地區，在這裡的港仔溪，也是板橋第一條消失的主要溪河。

失去溪河的都市遍及全世界，絕不只臺灣，更不只板橋一地，讓人不勝唏噓。如果在都會發展的過程之中，能夠以永續的原則，留下原有的清淨溪流，那一定會是最美好的風景。一旦溪河消失，要再找回來，除了必須耗費更多的經費，找回來的多半也只是人工的替代品。

神奇廟中廟拆遷後成古蹟

臺灣廟宇非常多，除了各有靈驗而受到信眾祭祀，歷史悠久也是出名的原因。除此之外，還有一些廟宇是因為獨特的建築格局而出名，例如「廟中廟」。

「廟中廟」多數都有奇特的傳承，也就是在發展的過程中，原本的神明指示不要拆除舊的小廟，才會形成新的大廟裡還有舊的小廟這種「廟中廟」格局。

具有「廟中廟」格局的廟宇還不少，以土地公為主，新北市板橋區福興宮、新北市九份福山宮、桃園市楊梅區伯公岡土地公廟、桃園市蘆竹區坑子村土地公廟、桃園市大溪田心里福德祠、臺中市大里區日新里土地公廟、臺南市白河區蓮潭里土地公廟，這些全部都是以「廟中廟」出名的土地公廟。

除了土地公，也有其他神明廟宇是「廟中廟」，例如新北市屈尺民壯亭、臺中市潭子區的潭水亭，以及雲林縣林內鄉的奉天宮等。

儘管「廟中廟」有歷史傳承，但是隨著新的發展，有時也難免改變。板橋福興宮的「廟中廟」在西元二〇二〇年拆遷之後，廟中廟的格局已經不存在。

板橋福興宮又稱為湳仔港土地公廟，歷史非常悠久，位於湳雅夜市西側的巷子出口，廟旁有乾隆四十五年、西元一七八〇年立的福德祠碑，清楚見證了福興宮的歷史悠久，距今已經有二四〇年之久。在旁邊，還有日治時期昭和四年、西元一九二九年所立的捐款碑，當時的改建，則是福興宮建築的歷史面貌。

到了一九七〇年代福興宮再次翻修，本來要拆除舊廟，但是擲筊時確認了土地公不願意，所以才在舊的土地公小廟之上，另外加蓋了新廟，又在旁邊增建一間新的廟宇，這也是為什麼福興宮有兩間廟宇的原因。土地公被請到大廟之後，原本的小廟變成祭祀財神。

從福興宮的位置可知，這裡是板橋最早的發源地，面對湳仔溪，見證了當年繁榮的河運，以及如今的沒落。以前福興宮前面就是渡口，百年以來千帆過盡，如今早就已經不留任何痕跡。往昔船來舟往的湳仔溪，現在已經變成了居民口中的湳仔溝，因為工廠污染積累的淤泥，一度充滿惡臭。還好近幾年在新北市政府的持續整治之下，味道總算大有改善。

具有二四〇年歷史的板橋福興宮在西元二〇二〇年宣布要拆遷時，引發居民的高度關注，還有文史人士試圖阻止。報載拆遷是跟湳雅夜市的都更有關，所以有建商要收購福興宮的土地以便一起進行都更。但是這個說法遭到否認。

先前雖然有居民發起要把福興宮列為古蹟加以保留，但是後來卻沒有成案，因為福興宮的傳承雖然已經有二四〇年，但是經過了多次的修整，只有福德祠碑算是非常珍貴的歷史文物，至於現有的宮廟卻算不上古蹟，所以已經在福興宮管理委員會的同意下完成拆遷。新的宮廟就在舊址東側的巷內，離市區更近，建築也更見金碧輝煌，土地公與財神爺等神明都被請到新建的主廟，至於原本的小廟則原樣移到新廟西側，純粹作為古蹟，意義非凡的古碑也嵌在這一側。

慈祐宮是新莊區歷史最久遠的廟宇，到底創建於什麼年代，有四種不同說法，主要包括康熙二十五年、雍正七年、雍正九年、與乾隆十八年等說法，時間差距不小。

以下依照記載年代的先後列出四種說法：

最早的記載：清朝擔任臺灣知府的余文儀在乾隆二十五年、西元一七六〇年所修的《續修臺灣府志》記載，慈祐宮是在雍正九年、西元一七三一年所建。

第二早的記載：比余文儀稍晚的淡水同知陳培桂在同治九年、西元一八七〇年編修的《淡水廳志》，則主張慈祐宮是在乾隆十八年、西元一七五三年興建。

第三早的記載：慈祐宮內還留有同治十二年、西元一八七三年所立的《重修慈祐宮碑記》，明確記載是雍正七年、西元一七二九年所建。

第四早的記載：連橫在日治時期撰寫的《台灣通史》認為：「慈祐宮，在興直堡新莊街，康熙二十五年建，祀天上聖母。」康熙二十五年是西元一六八六年。日治時期人正八年、西元一九一九年出版的《台北廳志》，對此也沿用了《台灣通史》的說法，許多的新莊人也相信慈祐宮創建於康熙年間。

上述四種建廟年代的說法，一般來說年代越早越可信。年代較晚才記述者，除非挖掘到新的事證，不然沒理由比前人知道更多。考量臺灣廟宇的發展經驗，四種年代版本看起來雖有衝突，卻未必不相容，這可能牽涉了草創、重建破土、完工以及改建等不同時期的發展。

理論上《續修臺灣府志》成書最早，慈祐宮興建於雍正九年、西元一七三一年的說法應該最可信，而且《重修慈祐宮碑記》明確記載的興建年代是雍正七年、西元一七二九年，跟《續修臺灣府志》只差了兩年。值得注意的是，碑文提到：「慈祐宮者，當雍正七年，闢是地，即建是宇」，不過碑文題目已經點出了是「重修」，可見在雍正七年以前就已經存在。依照多數宮廟隨著香火鼎盛，都會逐漸擴大改建的經驗，合理的推論是康熙年間就有奉祀媽祖的小廟，因為當時正逢新莊開始墾荒；到了雍正七年、西元一七二九年，隨著新莊發展，居民與香客快速增加，由福建運來石材木料等建材開始重修改建。如果改建的規模比較大，可能歷時一年多才全部完成，則或許是在雍正七年破土，在雍正九年才全部建成。當然，還有一種可能是這兩種說法之一出現了筆誤。到了乾隆十八年、西元一七五三年，則是因為先前新莊街發生火災而被波及焚毀，必須重建，於是又有一次翻修。

儘管可能在康熙年間就有小廟，但是由於北臺灣的第一張墾照，是在康熙四十八年才發出，新莊慈祐宮就算是在康熙年間就有小廟，似乎也不太可能早於這個時間點，因為在康熙四十八年之前，新莊多為荒地，罕見漢人，所以康熙二十五年的說法，還必須進一步考證。

臺灣最古老的媽祖廟可能是鹿港天后宮或是臺南大天后宮，據稱都是明鄭時期就已經存在，時間分別是西元一五九一年及西元一六六一年，以此而論，比起新莊慈祐宮早了大約數十至上百年。

艋舺縣丞在新莊之謎

提到艋舺，大家都知道就是現在的萬華。艋舺地名是平埔族原住民對獨木舟的稱呼。原住民常搭船去當地交易，久而久之，艋舺遂成地名。清朝時也有人把艋舺寫成「蟒甲」。很多人或許不知道，新莊的發展比艋舺還早，還曾經是艋舺的中心，最起碼，是艋舺的行政中心。

現在的艋舺是臺北市萬華區，新莊則是新北市新莊區，兩區中間還隔著三重區與板橋區。不過在歷史上，新莊因為有大漢溪的水運便利，曾經是北臺灣的重要發展中心，早在清朝康熙年間，目前位於新莊街上的慈祐宮可能就已經有了雛型，這也是新莊歷史最悠久的廟宇，廟宇通常是居民的生活中心，由此可見當時新莊街就已經形成一定的規模。

到了乾隆十五年、西元一七六一年，新莊因八里坌巡檢移來而正式成為整個淡北的行政中心。乾隆年間新莊已經人文薈萃，在乾隆二十二年、西元一七五七年，目前位於中正路的地藏庵（大眾廟）已經建成。由於當時來新莊開墾的粵籍客家人非常多，乾隆四十五年、西元一七八〇年，目前位於新莊街的廣福宮（三山國王廟）也已落成。必須指出的是，廣福宮被認為是客家人信仰，但漳州人也有祭拜。其他信仰也類似，以信仰判斷族群要避免過度簡化。

乾隆五十四年、西元一七八九年，正式設置新莊縣丞，其前身是乾隆三十二年移駐新莊的八里坌巡檢。有文獻指出，嘉慶十四年、西元一八〇九年，官府研議把新莊縣丞改名為艋舺縣丞。這個提議，反映出當時隨著河道的淤積，原本新莊的港口功能逐漸被艋舺取代，「一府、二鹿、三新莊」也變成了「一府、二鹿、三艋舺」。縣丞署曾經兩度因為分類械鬥而被焚毀。當時械鬥規模極大，官府無力制止，只能消極觀望，沒想到還是難逃破壞。

儘管新莊的中心地位已經漸漸被取代，但是艋舺縣丞果真取代了新莊縣丞嗎？有一種說法是艋舺縣丞成立時先駐新莊，直到道光四年、西元一八二四年，才將縣丞遷往艋舺。到了光緒元年、西元一八七五年，因為新設置了臺北府，所以裁撤艋舺縣丞。

不過尹章義教授在《臺灣開發史研究》指出，艋舺縣丞從來沒有設立，當然談不上裁撤，始終只有新莊縣丞。尹教授引用清廷檔案指出，光緒六年、西元一八八〇年，臺灣道夏獻綸還特別提到「有新莊縣丞，今議裁。」可見這時新莊縣丞都還存在，已經九十一年了。先前的更名或移駐，都只是研議，而且議而不行，但官方文書對新莊縣丞與艋舺縣丞兩用語卻沒有明顯區分，造成不少誤解。

縣丞一職，很多人可能誤會就是知縣或者是知縣的下屬，其實縣丞是知縣的佐貳官，相當於副手，但不是屬官，可以獨立作業。縣丞為正八品，主管全縣文書檔案、倉庫、糧馬、徵稅等，一般單獨開設衙署。主簿為正九品，職掌大致與縣丞類似。清朝只有事務繁雜的縣才設有縣丞或主簿。《光緒會典》記載，全國一三一四個縣，只有三四五個設有縣丞、還有五五個設有主簿，大約只有三成的知縣有縣丞等佐貳官。

日治時期水源地的下場

臺灣有自來水是從日治時期開始，在自來水普遍之前，許多都會區各有引水的水源地。老新莊人記憶中的水源地，是日治時期新莊地區的唯一水源。此地原本是被綠樹圍繞的清淨之地。只可惜，如今已經一步一步淪為污染嚴重的臭水溝渠。

位於新北市新莊區壽山路旁的水源地，是老新莊人記憶中的山清水秀寶地。這個地方會被稱為水源地，是因為在日治時期昭和年間，當地民眾為了要有更乾淨的水源，而請來日本技師伊澤府規劃水道，經過街長阿久根的極力爭取，才在昭和九年、西元一九三四年落成使用，又過了五年，在昭和十四年、西元一九三九年立碑紀念，成為大新莊地區唯一的供應水源，可以說是新莊自來水的始祖。

新莊水源地貢獻了四十多年，直到民國五十三年（西元一九六四年）桃園石門水庫建成，逐漸取代了水源地的供水功能，最後在民國六十五年（西元一九七六年）完全走入歷史。

新莊水源地剛剛卸下自來水供應功能時，因為位置偏僻，未經開發，當地的水質還是非常乾淨清澈，很多老新莊人都喜歡到水源地踏青尋幽，不過這幾年隨著水源地兩旁出現許多工廠甚至養豬場，還有人在水源地傾倒垃圾，甚至連「十八份坑溪」上游也出現大型開發，包括桃園的合宜建築，廢水經過初步處理後，都流到水源地。從此以後，水源地的溪流在各種污染之下，每每隔一段時間就會登上新聞版面。

四、五十歲以上的在地老新莊人，對於水源地多半都有非常美好的回憶，不過當他們帶著第二代、甚至第三代再去走訪時，卻看到記憶中的山清水秀，如今已經變成了充滿髒亂與污染的情況，往往不勝唏噓、大搖其頭，從此失去再度走訪的意願，只能感嘆印象中的水源地已經變成臭水溝了。

污染多年，最近中央與地方政府終於積極合作，成立了「文青水園水資源回收中心」，希望有效解決新莊水源地的污染問題。

在水源地旁還有昭和年間的紀念石碑，內文如下，不只見證了歷史，也增加了濃濃的環保期待，俟河之清。

〈新莊水道記〉：夫水天地生成，為人生日長必需，而屬五飲之首。輓近民智日進，莫不知水質之良否，至關乎年壽之短長，是以人煙繁密之區，多設張水道，用濟民生。然水之種類頗夥，以古所定水品，無慮三十多種，總其大較，遠從地脈來者為上，若復蒸溜取之則尤上；由附近河溪滲至者為次，由城市村落溝澮污水混入井者又其次；於外諸水或具有毒質僅可療疾而不適常用者，則毋庸言矣。

我新莊未有水道之先，在習見者視之，水莫不足，無如繞街圳渠，利用至雜，而井水又多含石灰參加里，不適飲用。

街之財政故不甚裕，雖歷來官民於斯三致意，特託伊澤府技師精堪實測以設水道，請當局均不見許。迨阿久根氏主街政，乃仍前志不憚煩，疊向州府陳情補不逮，及昭和七年，始得準可，更荷敷設補助費各三分之一，而街民亦僅擔同數，以昭和八年一月四日首工，於同九年七月十八日告峻，共費敷設金拾五萬餘圓。

於是開通給水，水由街轄柯厝坑泉脈會以河溪之流質稱良，而水源濾過池其地高五十米，故給水之壓力壯，街民便之。論者謂斯雖當道之加惠，是亦阿久根前街長之竭力為民請命，與伊澤府技師善為設計，故能終底於成也。今兩氏俱既掛冠爰以去，思附諸水道記云爾。

時昭和十四年　歲次己卯相月　吉日黃淵源撰　鄭福仕書

輯三

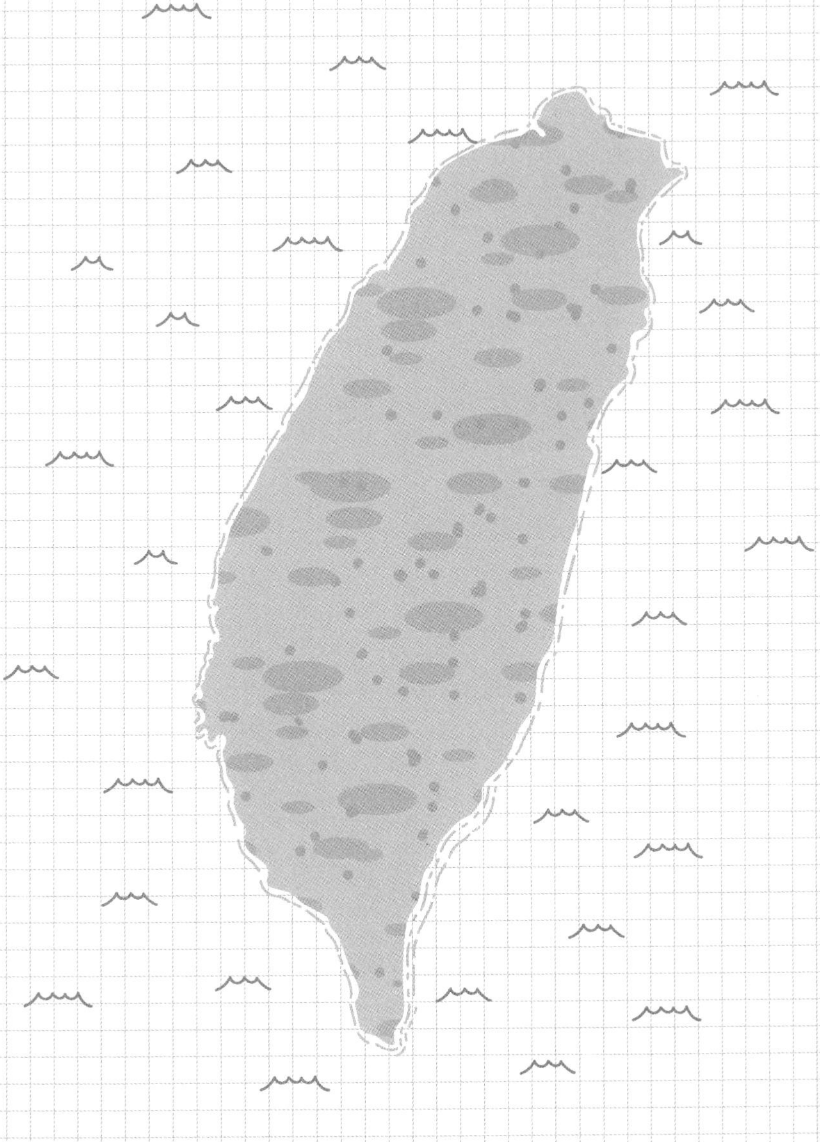

布袋戲的百年傳承與興衰

臺灣的布袋戲曾經走過百年輝煌，各地都有蓬勃發展的劇團。

在百家爭鳴之中，有不少劇團始終是業界領袖，如果特別針對「古冊戲」與「武俠戲」兩種傳承來看，前者有李天祿以及他創立的「亦宛然掌中劇團」，後者則有黃俊雄以及他繼承之後又多次轉型的「霹靂布袋戲」。

國寶級的李天祿是「亦宛然掌中劇團」的創始人，生於臺北大稻埕，他的父親是許金木，入贅李家，所以李天祿是跟隨母親姓李。

李天祿的父親許金木就已經開始投入學習布袋戲，拜在南管布袋戲老師許金水的門下。許金水與許金木名字像兄弟而成為師徒，也是一段佳話。許金水的老師，則是光緒年間從泉州來臺發展的布袋戲師父陳婆。

許金水經營布袋戲有成，定居於新莊的西盛里。當時，新莊、艋舺、大稻埕這三個地方，是北臺灣最出名的「戲窟」。這個年代，也是布袋戲的黃金時期。

在布袋戲輝煌的年代，提起新莊的西盛里，很多人就會想到那裡有布袋戲發源地之一的許家。小西園、亦宛然掌中戲等知名臺灣布袋戲劇團都源自於此。老新莊人更是自豪於「許家祖厝」就位於西盛里。

隨著李天祿在布袋戲走出了自己的一片天，「亦宛然」也成為新的布袋戲金字招牌。西元一九七〇年，黃俊雄帶領劇團演出的《雲州大儒俠》在台視播出，平均收視率超過九〇％，盛況驚人，紅遍全臺，當年有許多觀眾因為熱衷追劇而無心上班上課，布袋戲播出遭到關切與禁播，從紅翻到被禁，這種經歷堪稱布袋戲的再一次攀登巔峰。黃家當紅之際，許家相對平淡，後人也慢慢在布袋戲領域淡出。

現在年輕一代的觀眾大多已經不再著迷於布袋戲，連在地新莊人也慢慢對許家古厝開始陌生。

具有百年歷史、佔地上千坪的許家祖厝，更在西元二〇〇八年、二〇一四年兩度遭到大規模拆除，如今再也無法看到當年的盛況。

許金水會選在西盛里定居，其來有自。西盛里的歷史相當悠久，在清朝就已經發展有成，當時西盛地區為一街庄，名為「西盛庄」，隸屬於擺接堡。日治時期大正九年、西元一九二〇年，西盛庄因為行政改制而改稱為西盛「大字」，隸屬於臺北州新莊郡的新莊街。「大字」二字是日治時期的用語，是當時的行政層級之一，大概相當於現在的

「里」。在「大字」底下還有「小字」，相當於鄰。

如今的西盛里，作為布袋戲發源地的光環已經淡去；發展很早的歷史傳統也隨著新莊都已經都市化而看不出特色。

臺鐵、高鐵都經過新北市新莊區的這個里，可是沒有在境內設車站，所以絕大多數臺鐵、高鐵乘客即使經過了，也不知道剛剛跨過了新北市新莊區，更不會注意那裡正是臺灣布袋戲發源地之一的西盛里。

臺灣的鐵路早在清朝就有營運，這就是「劉銘傳鐵路」。

臺灣首任巡撫劉銘傳為了讓基隆到新竹能通行鐵路，既跨河、又穿山，先搭起了第一代的臺北橋以讓火車可以跨越淡水河，還打通了臺灣第一個鐵路隧道、長達二三五公尺的「獅球嶺隧道」。

光緒十五年、西元一八八九年完成的臺北橋是木橋，上面鋪設鐵路軌道。當時的臺北橋在東岸靠臺北這一側，有一段長度二八公尺、可以活動的橋面，旋轉把橋打開，就可以讓船隻在淡水河通行。隔年又打通獅球嶺隧道，工程非常艱鉅，所以完工時，劉銘傳特別在隧道南邊出口上方題了「曠宇天開」四字，右聯是「五千年生面獨開，羽轂飆輪，從此康莊通海嶼。」，左聯是「三百丈巖腰新闢，天梯石棧，居然人力勝神工。」

日治時期重新規劃鐵路系統，許多路線就此消失，其中就包括了讓劉銘傳最費心思才克服的跨河與穿山路線。

明治三十一年、西元一八九八年，來往臺北與基隆的鐵路改走水返腳（今汐止），獅球嶺隧道就此廢棄。兩年半血汗鑿通，只使用了七年多就廢棄，塵封多年，近期可望重新開放。接著輪到行走臺北橋的鐵路新莊線，正確說，是鐵路三重新莊龜山線。

「劉銘傳鐵路」一開始分為基隆至臺北、以及臺北至新竹這兩線，早在光緒十三年、西元一八八七年就開始分段通車。

臺北至新竹的鐵路，從大稻埕的「臺北停車場」出發，往北到了臺北橋走木橋跨越淡水河，沿途停靠三重埔（現在的天臺廣場）、海山口（現在的新莊國小校門口）、龜崙嶺（現在的萬壽路、東萬壽路口）等站，再南行往新竹。

新莊線在光緒十七年、西元一八九一年完工啟用，當時是採用的是德國進口的火車頭，劉銘傳為之命名為「騰雲號」，後來又購買了「御風號」、「超塵號」及「掣電號」。

劉銘傳鐵路新莊線營運不久，臺灣就被割讓給日本。日治時期延續對鐵路發展的重視，所以全盤重新規劃。尤其針對臺北到桃園路段，因為考量臺北橋當時的木橋屢遭水災沖毀，而且鐵路到了龜山路線，不僅遭遇坡度變大的挑戰，一旁的密林還經常會有抗日游擊隊出沒，讓日本人對於鐵路在此一路線的效率與安全都有很大的疑慮，所以毅然決定換線，改走艋舺、枋橋街（現在的板橋）、樹林、鶯歌石到桃仔園（現在的桃園），這也是現在臺鐵繼續使用的鐵路路線。

鐵路新建工程在明治三十四年、西元一九〇一年完成，先前的新莊線就此廢棄，距離原本完工通車只有區區十年的時間。

乙未戰爭時，日軍在龜崙嶺遭到攻擊，被稱為「龜崙嶺之役」，此役是促成鐵路改道的重要原因之一。原先的鐵道橋荒廢已久，最近才被指定為「龜崙嶺鐵道橋遺構」市定古蹟，可望獲得維修保存。

時隔百年之後，現在捷運新莊線走的路線，幾乎就是當年劉銘傳鐵路新莊線的路線，不過捷運新莊線目前只到迴龍，沒有像當年的鐵路新莊線繼續爬上桃園的龜山。

竹林山觀音寺曾是日式建築

這幾年發展快速的林口，歷史其實非常久遠。西元一九九七年在林口與八里沿岸發現太平村遺址，推測有多重文化遺址，涵蓋臺灣北部的大部分史前文化，如大坌坑文化、圓山文化、植物園文化、十三行文化等。

林口一帶有八里坌社的原住民，這早在西元一六四二年，俗稱荷蘭人的尼德蘭人就曾經記載。到了清朝的乾隆、嘉慶年間，漢人開始開墾林口臺地，逐漸形成今日面貌。

林口的竹林山觀音寺，是新北市著名的宗教聖地之一，很多民眾到了林口都會特別前往朝拜。觀光客知道竹林山觀音寺享有盛名，未必知道竹林山觀音寺經歷了三段傳奇的歷史，不但是先有佛像才建寺，而且本來是和式建築，後來才改為閩南式建築。

竹林山觀音寺的歷史相當悠久，可以追溯到兩百多年前。清朝嘉慶六年、西元一八〇一年，林口一帶的泉州三邑移民創立了「龍山寺檀越會」，從艋舺的龍山寺迎接「十八手觀音大士」到林口奉祀，這時還沒有寺廟，但是祭祀已經開始。檀越二字，是梵語的音譯，指的是布施的信眾，也可以稱為施主。

到了清朝咸豐三年、西元一八五三年，這是臺灣歷史上最悲慘與動盪的一年，全臺都發生了嚴重的饑荒與族群衝突，甚至上演了吃人的慘劇，當時竹塹名人林占梅就特別記下了這段吃人的慘況。

當年艋舺出現頂下郊拚（郊是當時商業團體的用語，這場拼鬥是兩郊在爭奪艋舺的地盤），本來已居優勢的頂郊泉州三邑人，向林口等地的同鄉求援，打敗下郊的泉州同安人，並把他們趕到當時還是平埔族勢力範圍的大稻埕。獲勝的頂郊為表感謝，將龍山寺供奉的「廣大靈感觀音大士」神像請到林口以回饋並且保佑當地的同鄉，此神像就由龍山寺檀越會奉祀。這時也還沒有寺廟，但是又多了一尊來自龍山寺的觀音大士神像。

到了昭和十四年、西元一九三九年，地方人士黃永茂等捐獻土地，本來命名為「林口庄龍山寺」，但是為了避免與艋舺龍山寺混淆，隔年改命名為「竹林山寺」。林口農產品有綠竹筍，竹林多、山也多，但是竹林山寺這個名稱的由來，並不是因為竹林與山，而是因為竹林山寺的信眾不只遍佈林口，還包括蘆竹與龜山，所以從三地各取一字而成了「竹林山寺」。從此以後，林口的觀音信仰正式有了竹林山寺這個重要中心。

臺灣許多信仰重鎮都跟竹林山觀音寺一樣，是先供奉了神像，後來才逐漸擴建廟宇。

竹林山觀音寺一開始興建時，正逢總督府發動皇民化運動進入第三年，所以被要求建成日本的和風式建築，第二次世界大戰日本戰敗撤出臺灣之後，竹林山觀音寺才在四年後的西元一九四九年，改建翻新為閩南式的傳統寺廟建築。

聽過景美的人很多，知道景美溪的人少了一點，記得霧裡薛圳的人就更少了。景美作為臺北市的地名，經常被看見。相較之下，安安靜靜從車水馬龍旁邊流過的景美溪，在熙熙攘攘的人們視野裡宛如不存在。

景美溪是新店溪的很重要的支流之一，上游是永定溪，與石碇溪匯流之後稱為景美溪，經過世新大學旁，在景美注入新店溪。

景美是後來才有的名詞，景美溪這個名字出現的歷史也不長，原本的名稱是「霧裡薛溪」。「霧裡薛」是平埔族語，意思是「美麗的」，也就是在平埔族原住民的心目中，景美溪是一條美麗之溪。現在看到的景美溪依然很有可觀之處，一百多年前想必更加動人。

從先前的歷史研究可以發現，漢人到新店、景美一帶墾拓，時間可以回溯到兩百年前，粵籍的客家移民在十八世紀初期的雍正年間，陸續來此開墾，當時這裡已經有平埔族居住，其中有一社就被稱為霧裡薛社。

當年來到北臺灣開墾的粵籍客家人，遍佈桃、竹、苗地區，到達現在的土城、秀朗、內湖、新莊一帶。新莊老街至今還有祭拜三山國王的廣福宮，創建於乾隆四十五年、西元一七八〇年，就是見證之一，是當時客家人聚集之後的信仰中心。

乾隆十四年、西元一七四九年，官方地圖已經出現了霧裡薛的地名。在乾隆時期的「臺灣田園分別墾禁圖說」，可以看見霧裡薛山、霧裡薛埔的地理標示，位置大概是現在的文山區木柵一帶。另一份「乾隆中葉臺灣輿圖北部圖」也提到，新店溪向南流到石壁潭附近一分為二，自東向西流者就是霧裡薛溪，在南岸靠山地區有霧裡薛庄，可能是在今天的政治大學附近。

目前已知大臺北地區記載最早的水圳，就是霧裡薛圳，在雍正二年、西元一七二四年，墾戶挖鑿霧裡薛圳，一度因為資金不足而換人接手才能夠完工，從霧裡薛溪引水灌溉，比起著名的瑠公圳還早了十六年。

在同治九年、西元一八七〇年完成的《淡水廳志》記載：「內湖陂，又名霧裡薛圳，在拳山堡，距廳北一百餘里。莊民所置。其水由內湖溝仔口、鯉魚山腳築陂鑿穿石門過梘尾街、後溪仔口、公館街後通流，灌溉大加蠟西畔古亭倉、陂仔腳、三板橋、大灣庄、下陂頭及艋舺街一帶等田七百餘甲，至雙連陂為界。」這裡提到的內湖，不是現在臺北市的內湖，而是當時景美的一處地名。霧裡薛圳的灌溉範圍非常遼闊，觸及今天的中正區、中山區、大安區、松山區以及萬華區，面積超過七百甲，接近七平方公里；對照來看，瑠公圳的灌溉面積為一千二百甲，接近十二平方公里。霧裡薛圳與瑠公圳的圳道大致相近，都是由南向北，前者在西，從景美溪取水，後者在東，從新店溪取水。

現在的景美地名是由「梘尾」而來，「梘」是先民灌溉設施的名稱，大坪林為梘頭，過了石碇溪（當時名稱，後來下游才稱為景美溪）為「梘尾」，日治時代改名為「景尾」，民國三十九年（西元一九五〇年）才由深坑劃出，定名為景美。

日治時期，總督府在明治四十年、西元一九〇七年逐漸整併各地水圳，把霧裡薛圳併入瑠公圳，又廢止霧裡薛圳的主圳道，於是大臺北最早的水圳霧裡薛圳就慢慢遭到遺忘。

隨著時間流逝，瑠公圳至今還廣為人知，霧裡薛圳幾乎淡出民眾的記憶。不只霧裡薛圳被遺忘，霧裡薛溪這個名稱也一樣。許多人如今只知道景美，不少人忘了景美溪，至於一度貢獻廣大的霧裡薛圳，只剩下關心地方文史的人士還記得而已。

臺灣寺廟反映先民歷史，值得多考察。景美的集應廟早在清朝同治六年、西元一八六七年已遷建該處，到西元二〇二一年已經超過一五四年，列名市定古蹟。

集應廟主祀的是「雙忠」，也就是唐朝「安史之亂」時，堅守睢陽、寧死不降的太守許遠以及縣令張巡。許遠是武官，官階較高；張巡則是文官。兩人因為忠於朝廷，歷朝都尊崇，逐漸被封王、封神，也有分別稱為保儀尊王、保儀大夫，民間信眾經常混稱二人。

隨著時間演變，雙忠在民間變成保佑鄉土的神祇，其信仰隨著墾民而發展，例如來臺先民就為其建廟。全臺的雙忠廟有十多間，廟名大同小異，臺北市與新北市就有北投集應廟、景美集應廟、木柵集應廟、萬隆集應廟、淡水坪頂集應廟、淡水義山集應廟、汐止忠順廟、深坑集順廟、石碇集順廟、以及平溪三聖宮等。全臺祭祀雙忠的廟宇極多，也有主祀其中之一者，例如臺南武安宮主祀張巡。

景美集應廟源出北投集應廟，廟內的神像早先供奉在北投石頭厝（後改名集應廟），因為梘尾（現在的景美）苦於原住民衝突，從北投迎來神像祈求保佑，後來因故未還。北投廟主在日治時期向警方申訴，經過協議，雙方同意每五年回駐北投一年，也算一段佳話。北投集應廟正門對聯寫著：「集福降祥靈分景美」、「應辰迪吉廟建稻香」，點出了這段傳奇往事。

臺灣民間常把雙忠稱為「尪公」，集應廟又叫尪公廟。有人認為這種說法是發音造成誤會，因為「尪」字本意是「骨骼彎曲的疾病」，或是「瘦弱」，跟雙忠搭不上關係。有廟方人士主張應該是「安公」才對，其理由是唐朝曾封張巡為「文安尊王」，所以尊稱「安公」才合理，不該因諧音而誤稱「尪公」。

前述說法值得進一步商榷考證。首先，唐朝沒有將雙忠封王。雙忠在歷朝歷代各有其封號，唐肅宗封張巡為「忠烈侯」，封許遠為「忠義侯」，所以當時已經合稱「雙忠」，後來各朝的封號頗有不同，但是都沒有「安」字，例如元代追封張巡「忠靖威明顯祐安民真君」、追封許遠「忠順威顯靈著護國真君」。到了清朝，對雙忠的封號才常見「安」字，雍正十二年、西元一七三四年，敕封張巡為「顯佑安瀾神」，封許遠為「威顯靈佑王」；咸豐七年、西元一八五七年，封張巡為「顯佑安瀾寧漕助順效寧助順之神」、封許遠為「威顯靈佑揚仁振武王」。

出生於大正二年、西元一九一三年的日本學者窪德忠，對臺灣道教非常有研究，在他所撰寫的《道教諸神》一書，尊稱張巡為「武安尊王」；尊稱許遠為「文安尊王」。文武已變，不知根據為何，也不知道是把臺灣考察寫進書中，還是他影響了臺灣習俗。雙忠變成「安公」，或許與此有關。

臺灣人當知臺灣廟，用「尪公」來稱雙忠或是其中一位，到底有何緣由，值得多考證。

在北臺灣提起煤礦，多數民眾先想到的應該都是瑞芳的九份，這大概是受了早期電影的影響，包括《悲情城市》、《無言的山丘》、《多桑》等經典作品，強化了一般民眾對於九份礦坑的印象，歷久不衰。

礦坑對每個人的意義各有不同。筆者父親為了生活，曾在瑞芳的「榮隆煤礦」當過挖礦工人，親身體驗了礦工深入地底時，那種不見天日、擔心被活埋的不安與驚慌。他不當礦工多年以後，曾經寫下這段回憶，只有短短的幾個字，看了卻令人怵目驚心。

基隆到瑞芳一帶在清朝就已有煤礦開採，榮隆煤礦也是，經營權幾度轉手，直到簡杖梨在昭和十四年、西元一九三九年接手經營煤礦，三年後還增闢。簡杖梨是虔誠的長老教會信徒，事業有成後捐贈土地以興建教堂，西元一九六二年成立榮隆教會，至今猶存；榮隆煤礦則在西元一九七八年收坑。

其實多山的臺灣處處都有煤礦，幾乎有山就可能找到煤礦。以新北市來說，境內多山的新店區就有很多煤礦；即使是中和區的近山之處也有煤礦，但是因為廢棄時間至今已經超過半世紀，如今的在地人多半也未必知道，就算知道應該也不知道怎麼前往，更不用說親眼目睹礦坑了。

臺灣在清朝時期已經開始開採煤礦，基隆是早期開採煤礦的重點之一，當時還包括了中和牛埔地區的煤礦。牛埔地區煤礦的產權後來經過幾次轉變，更名為益山煤礦。

有些文獻記載只提到中和的煤礦是在日治時期的明治三十三年、西元一九〇〇年設定礦權，到了大正元年、西元一九一二年開始有產量。其實中和山區在清朝末年就已經有煤礦開採。

益山煤礦的礦權本來在日本人手裡，後來由中和游氏家族的游興仁經營。游家在新北市中和一帶是出了名的大家族，早在康熙年間就已經來臺灣開墾，三百年來枝繁葉茂。位於復興路上的廣平游氏大宗祠，更是中和區非常出名的地標，很多外地人士經過看到時，往往以為這是一間超大型的寺廟。

益山煤礦在西元一九六三年已經停止開採，目前為廢棄的情況，許多入口都已經因為塌陷而難以追尋，不過紀錄片拍攝者阿杜還是在文史專家的協助之下，找到了一處入口，而且進去拍攝了紀錄片。

紀錄片拍下的益山煤礦內部影片，在強力手電筒的照射之下看起來非常漂亮，但是從紀錄片也可以看出，裡面充滿危險。導演阿杜特別提醒下到礦坑拍攝現場極為辛苦，不只結構安全堪慮，而且礦坑的積水相當深，水中的泥地也非常不利於行走，不知何時就會出現深坑，充滿了危險，千萬不可以貿然進去。

有興趣的讀者，不妨到 Youtube 去找阿杜導演的免費紀錄片來看，絕對不要貿然跑進礦坑，以免發生意外。

紀錄片導演阿杜的老家在基隆深澳，爺爺是因肺矽病去世的礦工，阿杜感念爺爺的辛苦，起心動念製作了許多走訪礦坑的紀錄片。

比劉銘傳鐵路更早的鐵路遺跡

不少人對於中和的印象都是地小人稠，其實中和不只境內有山丘、有煤礦，還有兩處珍貴的史前遺址，見證了人文歷史的久遠。這兩處史前遺址分別是尖山遺址的圓山前期文化，距今四千二百年至三千年，以及員山子遺址的繩紋陶文化，距今四千二百年至二千年。

西元一六四二年，當時是明朝崇禎十五年，俗稱荷蘭人的尼德蘭人已經記載了這裡有原住民的秀朗社，其領域範圍就包括了現在中和區。中和如今的面貌，主要是漢人來開墾之後才漸漸形成。隨著中和快速發展，先民留下的開墾文物不多，如有殘存都彌足珍貴，其中就包括了鐵路遺跡。

提到鐵路，應該很少人想到新北市中和區，畢竟對一般乘客來講，臺灣鐵路從來沒有經過中和。然而事實卻是，中和線存在已久，又被稱為板南鐵路，是臺鐵的支線。一般旅客不太知道，是因為中和線只提供貨運服務，不是客運。中和線從西元一九六五年營運至一九九〇年，當地三十歲以上的民眾應該還會對鐵路平交道有印象。當時的站場，就是現在的捷運南勢角站。

更多人可能不知道，其實中和在清朝就曾經有過臺灣最早期的鐵路，而且最難得的是，至今還可以看到遺跡。

關於臺灣鐵路歷史，一般記載都以清朝的臺灣首任巡撫劉銘傳在光緒十三年、西元一八八七年成立鐵路商務總局鋪設鐵路為開始。其實在此之前，臺灣就已經有鐵路了，但是這種鐵路不是給一般民眾搭乘使用，而是用來運送煤礦。

目前可知臺灣最早興建的煤礦鐵路，是清朝光緒二年、西元一八七六年建於基隆八斗子，當年因為臺灣第一個官礦在八斗子開採，為了運煤而鋪設運送煤礦的輕便鐵道，比起劉銘傳鋪設鐵路早了九年，也是最早期的深澳線鐵路。

因為是官礦，記載比較清楚。事實上，清朝時期，全臺不少地方都有民間開採的煤礦，也都設有炭坑輕便鐵路，可惜多數都沒留下紀錄，其中就包括了中和牛埔地區的煤礦。根據有限的文獻，當時為了運煤而鋪設的中和輕便鐵路，可以直達板橋，走的就是現在的板南路這個路線。牛埔煤礦產權後來幾經演變，才有益山煤礦。不少文獻記載都只有提到：中和的煤礦是在日治時期的明治三十三年、西元一九〇〇年設定礦權，到了大正元年、西元一九一二年開始有產量。乍看之下好像日治時期才開始開採，其實不是。這是因為日治時期的礦權登記比較完整，但是很多煤礦都早在清朝就已經開採，而且還鋪設了礦坑輕便鐵路。

很多人不知道中和曾經有過煤礦，而且還有運煤的輕便鐵路，這是因為即使是小有知名度的益山煤礦，也早在半個世紀前就已經停止開採，輕便鐵路當然也隨之荒廢。儘管礦坑與輕便鐵路都已廢棄，但是礦坑仍在，在坑口也還能在樹根草皮之間，看到以前運送煤礦使用過的輕便鐵軌。

新北市新店區的人類歷史悠久，歷史學者盛清沂一九六〇年代在新店溪左岸發現了新石器時代的圓山文化遺址多處，距今三千多年。

漢人到來之前，新店為原住民居住，乾隆五年、西元一七四〇年，在臺北開墾中崙庄的郭錫瑠來到青潭開鑿水圳，與原住民發生激烈衝突。當時新店的平地還有平埔族居住，屈尺往上等山地則有泰雅族居住。其後，漢人逐漸進入新店開墾，取名大坪林，有七張等五庄。新店最古老的土地公廟是「斯馨祠」，廟旁的「斯馨碑」立於乾隆四十四年、西元一七七九年，足為見證。其後漢人又越過新店溪，進入直潭、灣潭與屈尺開墾。

嘉慶二十一年、西元一八一六年，黃朝陽等漢人來到直潭開墾，因為原漢衝突而退出，兩年後又與馮、許、陳等三姓四家以「結首制」設隘開墾，得以固守。道光年間，王永慶家族的第一代開臺祖從泉州安溪跨海來到直潭開墾；在此同時，泉州王、李、林三姓也來到灣潭開墾。

西元二〇〇八年，文史人士意外發現民眾泡茶的「石桌」，竟然是已有一八六年歷史的石碑，是道光十五年、西元一八三五年，直潭通往灣潭道路修通的紀念，名為「緣碑」。這塊石碑的重新發現，見證了新店的發展歷程。

到了咸豐朝、大約一八五〇年代之後，漢人向山上開墾，在屈尺、廣興一帶與泰雅族激烈對抗。直到光緒十一年、西元一八八五年，屈尺庄民在衝突中遭到原住民殺害，臺灣巡撫劉銘傳派員前往招撫泰雅族，在隔年成功，從此才能開山通路。

日治時期，在臺北州文山郡新店街之下設有直潭「大字」，其下有「直潭」、「灣潭」、「屈尺」、「小粗坑」等「小字」（大字、小字是日治時期行政單位）。

幾千年歷史匆匆而過，如今，在新北市新店區的偏僻山裡，佇立著一棟巴洛克典雅風格的建築物。這棟建築物很有故事，不但是臺灣現存最古老的小粗坑發電廠，更是全臺灣、甚至全世界唯一仍然維持原本的功能，卻還保留著日本總督府徽章的建築。

直潭旁這座水力發電廠，就是明治四十二年、西元一九〇九年完工的小粗坑發電廠。

臺灣的發電廠，最早是明治三十八年、西元一九〇五年完工的「龜山發電所」。日本人士倉龍次郎當時在臺灣深入山區伐木、提煉樟腦、製炭，並且在明治三十六年、西元一九〇三年的二月申請興建了水力發電廠「龜山發電所」，因為是全臺第一，這座發電所又被稱為「第一發電所」。

雖然大手筆申請興建龜山發電所的人是土倉龍次郎，不過他在提出申請的半年之後就破產，於是明治三十六年、西元一九〇三年十月，改由臺灣總督府接手興建，並且在將近兩年後的明治三十八年、西元一九〇五年完工。兩年後又增建小粗坑發電廠。

昭和十六年、西元一九四一年，新龜山發電所（目前改名為桂山發電廠）完工，原本的龜山發電所在兩年後正式除役，前後一共為臺灣發電了三十八年。

台灣電力公司接手後，在民國五十七年（西元一九六八年）標售小粗坑發電廠，由何家取得所有權，所以目前為私人所有，已經列入古蹟。

小粗坑發電廠藏有一個小祕密，那就是在發電廠不只維持原本的功能樣貌，而且建築物上面還一直保留著日治時期的總督府徽章，也就是「台字章」。在發電廠建築物側面三角頂端的圓徽，看似時鐘，其實是台字章。當地年長居民都知道那就是總督府徽章，但也有民眾誤以為那是日本的國徽。

台字章是日本總督府在統治臺灣之初所設計的徽章，當時總督府官員的衣服與帽子上都可以看到這個台字章徽章，若干由總督府推動完成的建築物上面也可以看到台字章徽章。

隨著第二次世界大戰日本戰敗投降、全面撤出臺灣，大多數的總督府建築物都陸續被接收，除了改變用途，也會拆除重建，建築物原有的總督府台字章當然也遭到移除。只有在日本戰敗投降之前已經廢置、而且後來未被重新使用或改建的總督府建築物，才有可能讓建築物上面的台字章繼續保留下來。就此而論，小粗坑發電廠功能正常，還能以無人發電廠的方式運作，而且建築物上的台字章也依然還在，留下了日治時期的歷史見證。

很多人因為「有唐山公，沒唐山嬤」這句話，以為先民來到臺灣冒險墾荒，只有男性而沒有女性，所以推論男性應該都是跟原住民女性通婚。其實應該是長山而不是唐山，除此之外，上一代臺灣首富王永慶的家族史，恰恰用實際歷史推翻了前述說法。

王永慶是來臺第五代，相較於不少家族的來臺第一代都是男性，王家來臺的第一代則是女姓。

從王永慶家族的族譜與相關記載可知，王家來臺的第一代，是享嵩壽一〇八歲的許雪女士（西元一七七四年至一八八二年），她生於清朝乾隆三十九年，歷經多位皇帝，卒於光緒八年。十九世紀因為福建遭遇嚴重災荒，於是已經年逾五十歲的寡婦許雪，毅然決然帶領兒子王天來、媳婦林謹等全家多人，在道光年間一起從泉州安溪渡海來到臺灣找尋生機，後來在新店的直潭落腳，除了教導子媳在此墾荒，也重操在福建時的種茶舊業。

王永慶家族來自福建泉州安溪縣金田鄉還二里，第一代被稱為「王來祖」，當地甚至稱頌她「引子登蓬島，導兒建直潭」，儼然是直潭最早的開墾者。

王永慶的族人還住在直潭這一帶，祖厝王家祠堂的匾名為「感恩堂」，裡面供奉著來臺的祖先牌位。王家祠堂旁邊就是王永慶的故居，如今只剩空地。偶爾會有遊客慕名來找王永慶的故居，其實看到的應該是王家的祠堂「感恩堂」。

王家來臺一直以種茶維生，經濟情況不算好，只能說尚能糊口，王永慶祖父、第三代的王添泉讀過書，主持過私塾，但收入很有限，所以王永慶的父親、第四代的王長庚生病時，差點就因為沒錢看醫生而走上絕路，這也是後來王永慶開設醫院用父親之名長庚為醫院名稱的原因。

王永慶出生於大正六年、西元一九一七年，據說幼時家境清寒，後來到嘉義經營米糧生意，他建立製造業王國，總督府的稻米配給政策也間接幫了忙。因為王永慶米糧生意成功之時，已逢二次大戰末期，總督府開始在臺灣實施稻米配給，王永慶只好結束米糧生意轉而投資磚瓦工廠，從此開始踏入製造業，一步一步成為臺灣首富，還被稱為「臺灣的松下幸之助」。

想看王永慶故居的民眾，一定會失望，因為他真正的故居早就不在了。如果想看王家祠堂，請記得祠堂是私產，沒有開放參觀，平常大門都是關上的。千萬不要打擾仍在當地居住的族人。如果經過時遇上了王家的族人，因為他們都是很純樸的直潭居民，有緣或許可以聊上幾句，但是千萬不要把這裡當成有對外開放的觀光景點，更不要聚眾喧囂、甚至隨便侵入民宅拍照，以免造成王家族人的不必要困擾。

灣潭雜貨店歷史ＰＫ碧潭吊橋

在新北市新店區的灣潭，有一家看起來充滿純樸感而且不太起眼老雜貨店。儘管不起眼，回溯起歷史卻很令人驚奇，幾乎可以PK碧潭吊橋。

灣潭居民出外奮鬥的人口不少，開枝散葉後，每逢過年過節還是會回到灣潭團圓或祭祖。相較於新店市區日新月異的快速發展，灣潭大致上還保持著相當古樸的原貌。從外地回來的灣潭人，除了依例在老家團聚並且向長輩拜年，也會四處走訪。日前媒體報導說，有民眾回灣潭省親，發現老雜貨店依然還在營業，忍不住讚嘆說：「這家雜貨店在我小的時候就有了。」沒想到六十多歲的老家長輩聽了也說：「這家雜貨店在我小的時候已經有了。」更意外的來了，八十多歲的老舅公聽了笑著說：「我小的時候，就有這家雜貨店了。」

老舅公至今還記得，小時候對於兩件事最感興趣，一是到灣潭的這家雜貨店去買東西，二是去看當年叫「碧橋」的碧潭吊橋。

前身名為碧橋的碧潭吊橋，是由地方人士賴雲發起，在昭和十二年、西元一九三七年完工，到西元二〇二一年已經八十四年。碧橋是日治時期第一座由臺灣人發起、設計與施工的臺灣橋樑，也是目前全世界僅存的長跨距鎢鋼球軸承吊橋。

從碧潭到灣潭，以往只能搭船或是經過碧潭吊橋再走山路，現在雖然開通了一條公路，但是交通量不太大，讓灣潭還是保存著世外桃源的純樸樣貌。

多年以來，碧潭吊橋早已成為新店區、甚至是新北市的地標。相較之下，灣潭的這家老雜貨店則因位置偏僻，只有當地人知道，沒想到歷史悠久，居然可以ＰＫ碧潭吊橋。據了解，雜貨店歷經多代經營到現在，其間曾經改建翻新，所以雜貨店的店齡雖然大約八十年，屋齡則年輕許多。

灣潭雜貨店的店齡雖然厲害，店主人的家族傳承更厲害。大約在兩百年前的道光年間，福建泉州的王、李、林三姓來到灣潭拓墾並且建立聚落，這就是灣潭最早的漢人家族。包括老雜貨店，如今的灣潭居民大多都是最早開發先民的後裔，世世代代一直住在灣潭。

最早到灣潭開墾的王、李、林三姓，子孫代代繁衍，家族人口眾多。筆者幼時曾經聽說灣潭的大片農地與整座山頭，本來都是我們家的，無奈在日治時期，某代祖輩因為染上吸食鴉片的惡習，短短幾年就敗光了龐大家產。當時年紀小，聽到這個故事半信半疑。後來長大了，反而不太相信。最近得知祖上在兩百年前開發灣潭，才知道此一傳說不是毫無根據。

興建於日治時期的「小粗坑發電廠」，位於新北市新店區的小粗坑。在巴洛克風格的建築物上，至今還保存有日治時期的總督府徽章「台字章」，也稱為台字紋或台字徽。

值得一提的是，「台」這個字其實不是「臺」字的簡體字，依照漢朝許慎所撰寫的《說文解字》，臺字的原意是「觀四方而高者」，至於台字的原音同怡，原意則是喜悅。到了唐朝，台字開始跟臺字同音，只是意思仍不一樣。明朝與清朝已經有小說使用台字替代臺字，到了日治時期總督府全面使用台字而不用臺字，一直通用至今。不過教育部曾經發函要求各校，在教科書中還是要使用正體的臺字。

目前全臺灣還留有總督府徽章的建築物已經非常稀少，其中最經典的首推原本的總督官邸，也就是如今由外交部管理的「臺北賓館」。在建築物的山牆上面，可以看見當年總督府徽章「台字章」依然還在。

前身為總督官邸的臺北賓館，興建於日治時期，在明治三十二年、西元一八九九年開始策劃建設，當時的兒玉源太郎總督認為既然興建總督官邸，當然要顯示出大日本帝國的氣派與威嚴，因此要求一定要蓋出氣勢與華麗，後來採用了新文藝復興的建築風格來設計，耗時兩年，在明治三十四年、西元一九〇一年落成，耗費將近二十二萬日圓，當時還因為花費太過龐大，引起了日本政壇的批判。大正二年、西元一九一三年總督府改建官邸，建築風格從本來的新文藝復興變成了新巴洛克。

從第四任總督兒玉源太郎規劃並且入住開始，一直到最後一位總督安藤利吉，共有十六位總督曾經居住於此。當時的總督官邸不只是總督住所，也是接待與宴請貴賓的地方。

總督府官邸落成時，總督府還設在舊的清朝衙門，當時是設在清朝布政使司衙門（位置在今中山堂）西側的欽差行臺，此一建築曾被臺灣民主國當成籌措抵抗日軍防務的「籌防局」。明治三十八年、西元一九〇五年總督府發生火災，才促使籌蓋新的總督府。

總督府徽章「台字章」，是日本總督府在統治之初所設計，當時總督府官員的衣帽與服飾上都可看到這個徽章，由總督府推動完成的建築物上面也可以看到總督府徽章。

臺北市有一棟建築物，經常被認為到現在都還保有總督府徽章，這就是位於臺北市太原路、五原路交會口的「建成變電所」。這棟建築物興建於日治時期的昭和十三年、西元一九三八年，原本名為「大稻埕變電所」。在變電所的上方，確實也有一個徽章，看起來跟總統府徽章幾乎一模一樣。

不過，台電曾經介紹過，這不是總督府徽章，而是台電徽章。兩者看起來確實很像，主要差別卻從一個地方就可以清楚看出。

臺灣總督府在大正八年、西元一九一九年，設立了「台灣電力株式會社」（即台灣電力公司前身），台電在總督府徽章「台字章」周圍加上電紋，這就成為了台電的徽章。正因如此，總督府徽章跟當年的台電徽章看起來幾乎一樣，差別就在於台字周圍有沒有電紋。

小粗坑發電廠成立於台電成立之前，所以用的是總督府徽章。至於建成發電所的興建時間，是台電成立之後，所以上面的徽章是台電徽章。兩者看起來很像，但是內行人一看就知道差別何在，意義也完全不一樣。

潭山的太子殿下行啟紀念碑

日本曾經統治臺灣半個世紀，儘管有人延續乙未戰爭以來的抗日情懷，始終牢記日治時期帶來的殖民屈辱，但是也有臺灣人懷念日治時期，歌頌那個年代的進步與美好。一個臺灣，各有認同，也是民主多元。

過去幾年，有不少縣市政府很積極重新發現各地的日治時期文物，甚至以還原歷史或是觀光的名義，努力還原當年的建築物。

在知名風景地點新店碧潭旁的不遠之處，有一座充滿歷史卻被許多人忽略的日治時期紀念碑，這就是「太子殿下行啟紀念碑」。

這位來過臺灣的太子，就是裕仁皇太子，他雖為太子，但是因為大正天皇的心智健康狀況一直都不好，日本人早就已經等著裕仁皇太子的繼位，他也在來訪臺灣的三年後登基。

根據研究，日本裕仁皇太子在大正十二年、西元一九二三年的四月十二日，搭乘金剛號軍艦從日本出發，四月十六日抵達基隆，展開為期十二天的臺灣之旅，先從基隆搭火車到臺北，十七、十八日在臺北參拜臺灣神社並且巡視各機關；十九日抵達新竹，下午前往臺中；二十日到臺南；二十一日下午轉往高雄；二十二日前往屏東，下午回高雄；二十三日搭船到澎湖；二十四日又從基隆回臺北，停留到二十七日，搭乘軍艦金剛號回日本。

十二天要遊遍臺灣，行程非常趕。事實上，早在邀請皇太子來臺灣之前的一、兩年，總督府就開始詳細規劃建議視察的地方，所以在各地設置「行館」，以便住宿。不過因為各地都很期待皇太子到來，總督府規劃的實際行程太密集，很多地方只是匆匆走過，更多規劃的行程都被略過。

即使碧潭是當年臺灣的主要美景之一，後來在昭和二年、西元一九二七年還被選入臺灣的八景十二勝之一。但是從現有資料來看，沒有裕仁皇太子到過新店或碧潭的記載。儘管如此，大正十二年、西元一九二三年，新店仍然在灣潭山上立起這座太子殿下行啟紀念碑。灣潭山的海拔為一四一公尺，略低於一脈相連、海拔一五二公尺的碧潭山（又名和美山）。

目前全臺灣各地的太子行啟紀念文物，大概可以分成三類：第一類是當年裕仁皇太子確實曾經到訪，第二類是原本有規劃列入裕仁皇太子的行程，但是後來沒有實際來訪，第三類則是本來就沒有在規劃行程之內，但是地方人士在當時整體臺灣喜慶的氛圍之下，跟著捐款立碑。

裕仁皇太子來臺灣時曾經到北投參觀，所以當地人在面天山下立碑，這塊「皇太子殿下行啟紀念碑」在大正十四年、西元一九二五年六月開工、八月完工，十一月十五日舉行揭幕式，臺北州的知事吉岡荒造親臨主持。

至於位於新店的「太子殿下行啟紀念碑」，從碑文來看是立於大正十二年、西元一九二三年，比起面天山設立的紀念碑還要早，只是多年來一直被忽略，甚至許多新店在地人也不知道在碧潭深入灣潭山的金龍路轉角處、在山坡擋土牆的空隙之處，居然有一塊將近百年的紀念碑。說來慚愧，這個立碑之處，就在筆者外婆家的後山上，走路就可以到，童年時曾多次經過，卻從來沒有注意。

新店的「太子殿下行啟紀念碑」多年來始終沒有受到應有的保護，碑文有許多已經難以辨識，目前石碑的名稱、年份、底下的捐款人姓名與金額還依稀可見，但完整內容有待考察。比起面天山石碑的遭到破壞，新店石碑總算至今還能保持原貌，後續如何落實文物與古蹟的保護，值得各界用心。

臺灣多溪河，以前來往各地，都要依賴船隻才能通行。早期漢人渡海來臺，沿著淡水河進入臺北盆地，在江子翠進入新店溪，到達拳山而止，也就是後來的新店一帶。

嘉慶年間、十九世紀初，漢人在新店溪出山口的溪邊開店，遂稱「新店」。很長一段時間，從臺北盆地到新店，要從艋舺搭船，或是走陸路到了新店溪再靠人力擺渡。

明治四十一年、西元一九〇八年，「瑠公橋」以水泥建成，因為是依循清朝郭錫瑠在乾隆二十六年、西元一七六一年所建引水木梘的路線，所以稱為「瑠公橋」，上面通行人車，底下仍是水圳。

大正十年、西元一九二一年鐵路新店線通車，因為是接通萬華到新店，又稱為「萬新鐵路」。通車之後，從臺北搭鐵路到新店去遊碧潭，成為時尚活動。

瑠公橋與鐵路新店線的興建，打通了臺北到新店的陸路交通。接下來，公路更加發達，西元一九五五年搭建新的水泥橋取代不堪負荷的瑠公橋，接著北新路完工，公路局開設客運，造成萬新鐵路乘客減少並且在西元一九六五年停止營運。

萬新鐵路通車，到西元二〇二一年剛好一百年。只是這個路線早在西元一九六五年就已停駛，距離西元二〇二一年已經五十六年，只有一定年紀以上的民眾才會記得這條「記憶中的鐵路」。

萬新鐵路從萬華出發，沿途經過了螢橋、古亭、公館、十五分、七張、大坪林等地至新店，五十歲以上的大臺北地區民眾，應該都還有印象。

萬新鐵路因為北新路完工、客運暢通，載客量逐年下滑，虧損也越來越嚴重，終於在西元一九六五年三月停駛並陸續拆除鐵道，是臺鐵最早走下歷史舞臺的鐵路支線之一。

原本萬新鐵路的鐵道路線改建為公路，就是現在的臺北市汀州路、羅斯福路五、六段以及新北市新店區北新路。至於現在的臺北捷運新店線，行駛路線主要就是沿著原本萬新鐵路的地下而通行，而且萬隆站到新店站的路線與站名大致都與以前的萬新鐵路相同。

西元一九六三年瑠公橋拆除，取代的水泥橋俗稱「景美舊橋」，這是因為萬新鐵路原本跨越景美溪的鐵橋，在西元一九六五年鐵道拆除之後改建為北新橋，也銜接臺北與新店，俗稱「景美新橋」。北新橋在新店端，有一段是西元一九九六年完成的嗚遠橋，一般開車族經過都不會特別注意自己其實通過了兩座橋。西元二〇〇九年，四十五歲的景美舊橋改建，拆除原本的水泥橋，改建為鋼拱橋，隔年完工。景美舊橋翻新，讓地方人士笑稱景美新舊橋要對換了。

從搭船、小橋、萬新鐵路、到大橋、再到捷運，反映了臺灣交通的演變。往昔處處都有渡船，如今只剩碧潭畔還有全臺唯一的人力擺渡。

萬新鐵路通車滿百年儘管具有歷史意義，但是隨著功成身退已久，早就淡出多數人的記憶，百歲生日當然也沒有紀念活動了。

萬新鐵路如果有靈，不必擔心自己會獨自唏噓感慨，因為更早被拆除的瑠公橋，以及雖然存在但觀光意義大於實質意義的碧潭渡船，都一同體驗了這種無可奈何的世間人情冷暖。

和美山上廢棄的幸福樂園

針對「和美」這兩個字，彰化的民眾可能會想起彰化縣和美鎮，至於新北市的民眾，尤其是新店人，想到的應該是碧潭風景區的和美山。

和美這個名字，典故很有意義。彰化以前是平埔族原住民的巴布薩族的居住地，漢人用發音相似的「半線」來稱呼，直到雍正元年、西元一七二三年才在虎尾溪以北增設了彰化縣。

在彰化市與鹿港鎮之間的地帶，平埔原住民巴布薩族稱為「卡里善」，意思是冷熱交會、氣候溫和。漢人取名和美，是因為當時不同族裔的漢人因語言不通，加上為了爭奪土地與灌溉等資源，經常械鬥，尤其是移民人數最多的漳州、泉州二地移民，但是在卡里善這裡以詔安圳為界，東邊多為漳州移民，西邊多為泉州移民，兩邊都期待漳、泉能和睦相處，以和為美，所以取名和美，大正九年、西元一九一九年設立和美庄，現在則是彰化縣和美鎮。

彰化與新店都有和美，其實不是巧合，而是歷史的見證。

新店的和美山，位於新店碧潭的西岸，又叫碧潭山，由於山的形狀像個先民使用的「畚箕」，最早的名稱是大畚山，又因諧音而被暱稱為「大笨山」。

日治時期大正五年、西元一九一六年，總督府設定煤礦的礦權開採，原本的礦業主是廖和先生，在西元一九四八年轉讓給林秀卿先生。林秀卿是彰化縣和美鎮人，所以把礦場命名為「和美煤礦」，而煤礦所在的山也就因此而被稱為「和美山」。

和美山現在是觀光勝地，以步道與風景而聞名。步道難度應該只算親子等級，相當容易走，沿途的風景非常漂亮，山上的風景與視野，隨著登山路徑的高低迂迴而有許多變化，多有滋味。信步登上了和美山之後，可以居高俯瞰整個碧潭風景區的美景。到了夜幕低垂，碧潭夜景另有浪漫。如果是初夏時分，和美山上還有螢火蟲可以欣賞。

除此之外，和美山上的「幸福樂園」一度非常風光，是前往碧潭風景區的必遊之地。幸福樂園也被稱為碧潭樂園，成立於西元一九五二年，經營權幾經變化，第一次停業多年後，在西元一九八三年重新開放，但是三年後仍然宣告停業。原本的樂園荒廢至今，園地幾乎保留未有更動，還殘存了一些原本的設施。因為樂園土地寬廣、樹木參天，平常罕有人來，即使大白天前往，都可能讓人產生陰氣森森的感覺，如果夜晚前往探險，更有濃濃的驚悚氛圍，有網友甚至認為這是名列前茅的鬧鬼勝地。其實大多數的時候人比鬼可怕，鬼害人難得聽見，人害人卻幾乎每天都鬧上新聞，可見鬧鬼之說，多半是旅客自己嚇自己。

和美煤礦因為礦災及滲水，西元一九六六年廢棄，西元二〇二〇年被列為歷史建物。目前坑口還保存良好，有圍上鐵柵欄以免遊客進入發生意外。未來可能會規劃為地方觀光景點，令人期待。

新北市蘆洲區的開發史，據說是在清朝康熙年間。當地歷史最久遠的保佑宮，宣稱其「池府元帥」，是在康熙元年、西元一六六二年由福建泉州同安人士陳德元來臺時，從家鄉請來保佑平安，當時鄭成功剛收復臺灣。到了康熙四十九年、西元一七一〇年，才首建草廟，逐漸發展成保佑宮的今日規模。

不過蘆洲目前可知的最早開墾紀錄，是在清朝的雍正二年、西元一七二四年，福建泉州人與廣東人沿著八里搭船來到河上洲開墾荒埔。河上洲又叫和尚洲，因為常有白鷺鷥聚集，也有鷺洲的雅稱，就是現在的蘆洲。到了乾隆年間，泉州同安的李姓與陳姓成為來此開墾的主力，至今蘆洲居民仍頗多是姓李或姓陳。

說起蘆洲古厝，許多人都會想到李友邦將軍的祖宅，也就是李宅古蹟。其實蘆洲發展非常早，以前包括了現在的三重，至今還存在的古厝也有很多間，只是保存情況都不太理想，現狀遠遠比不上有開放參觀的李宅古蹟，值得關注。

蘆洲另外還有兩間古厝的主人也都姓李，其中一間古厝，在門簷上面寫著「李順興」三字，早年的實際事蹟還有待查證，但是古厝保養的情況不太理想，現在也沒有對外開放。

另外一間古厝則是「李得吉」西洋樓，李得吉是李家米糧的商號，古厝裡面還有住人，保存的情況似乎也不如目前有對外開放的李宅古蹟。

李得吉商號的家族，在清朝的嘉慶年間（實際年份已不可考），從福建泉州同安移民到臺灣的蘆洲，來臺第五代的李賢在日治時期經營米糧生意而發跡致富，在祖宅右側加蓋了一棟巴洛克式的磚造樓房，同時以「李得吉」為商號擴大經營。李得吉商號傳到李賢的兒子李統、李步，也就是來臺第六代時，儼然成為蘆洲首富。當時蘆洲的範圍包括了現在的三重區。

李得吉商號建造的磚造樓房，被稱為「西洋樓」，是蘆洲早期最高的建築物，在日治昭和年間、西元一九三〇年左右，考量蘆洲地勢比較低，為了避免米倉遭遇淹水災情而承受重大損失，所以加建二樓。「西洋樓」至今歷史已經將近百年，位於蘆洲區民族路三二七巷、民義街口。

「西洋樓」的磚瓦建材乃取自當時臺灣最頂尖的「台灣煉瓦（Taiwan Renga）」株式會社，英文縮寫是「TR」，煉瓦二字就是紅磚的意思，台灣煉瓦的建材上面都有

「TR」標示。

當時臺灣最高檔的本土建材，應該就是台灣煉瓦，更高級的則是日本的高級進口貨，就像總督府採用的建材是日本東京「品川白煉瓦株式會社」運到臺灣的菱形紅磚，其上有SS商標。除此之外，「TR」紅磚就是最好的建材。

日治時期的紅磚需求量非常大，所以臺灣總督府成立「台灣煉瓦株式會社」，整合各地磚窯工廠，高雄工廠的前身為「鮫島煉瓦工場」，後來成為「台灣煉瓦株式會社打狗工場」，西元一九五七年賣給唐榮鐵工廠，西元一九八五年才停產，在西元二〇〇五年被列為古蹟。

興建於日治大正、昭和年間的「李得吉西洋樓」，見證了百年蘆洲歷史，意義非凡。不過「西洋樓」目前並未列入歷史建築，仍屬民間建築，如何在尊重私人產權的前提之下，有效落實古蹟的保存，值得各方關切。

三重林家古厝崇德居低調而神祕

一提起林家古厝，北部人先想到的可能是位於新北市的板橋林家，中部人先想到的應該是位於臺中的霧峰林家。其實在新北市三重區，也有一間具有百年歷史的林家古厝「崇德居」，由於老厝仍有人居住，並未開放參觀，一直維持低調而神祕的色彩。

新北市三重區的崇德居，位於自強路與後竹圍街交界處，附近都是高樓大廈，一般人根本不知道巷子裡還有百年古厝。

崇德居興建於日治時期的大正十四年、西元一九二五年，前後蓋了四年，一直到昭和四年、西元一九二九年才竣工，至今已將近百年。一手打造崇德居的是林建立先生，他是三重林家從福建泉州府同安縣來臺的第四代，白手起家成為巨富的一生相當傳奇。

林建立生於清朝光緒五年、西元一八七八年，為林家來臺第三代林福印的長子。他十七歲那一年喪父，從此擔負起寡母與三位弟弟的全家生計。

家境不怎麼好的林建立，頭腦非常靈光，所有可能賺錢的生意他都會想辦法去嘗試，曾經在二重與菜寮從事蔬菜水果的買賣，也經手豬牛雞鴨等牲畜的買賣，甚至還經手糞肥的交易，後來發現與三重一水之隔的迪化街，有許多茶行製作花茶時都需要香花，因此把重心放在香花的買賣，種植了相當多茉莉等香花樹種，就這樣在迪化街茶葉興盛的時期，林建立的生意也扶搖直上，致富之後又將賺來的錢拿去購買土地，邁入中年就成為了三重的巨富。

林建立致富後，正逢先嗇宮要整修，這是乾隆年間就已經興建的廟宇，是三重的信仰中心。林建立也是先嗇宮改建的主要貢獻者之一。修建完先嗇宮，林建立就致力於打造自己的崇德居。崇德居佔地大約六百多坪，建造時使用的是日治時期臺灣最頂級的福杉以及TR紅磚等建材。林建立白手起家、經商有成，也積極回饋鄉里，享壽八十六歲。

崇德居的興建，另有一段傳奇的浪漫故事，除了是林建立幫忙修建先嗇宮之後投入，找來的匠人也都是大師級，甚至還傳出了喜訊。崇德居的起造，請來被尊稱為「海桐師」的潮派大師吳海桐。

吳海桐的老師是曾經在光緒年間修建新莊廣福宮的曾元珍，吳海桐也成為老師曾元珍的女婿，傳為佳話。吳海桐參與過許多臺灣重要廟宇的修建，除了前述的先嗇宮之外，還有鹿港天后宮、彰化南瑤宮、新莊地藏庵、泰山下泰山巖。林建立請吳海桐負責崇德居的起造，可見手筆之大。除了建築找名師，彩繪與剪黏也都找來當時最頂尖的名家。姻緣天注定，吳海桐找來得意弟子吳阿桂擔任崇德居的大木工匠，吳阿桂致力於興建崇德居時，與林建立的千金小姐林治傳出了喜訊，入贅成了林家女婿，從此也變成三重人。

踏進總統府就會知道，來到這裡除了體驗到至高的尊榮之外，還有一股濃厚的歷史沉澱感，因為這棟建築已經完工超過百年。在當時雖然是很先進的設計，但是相較於最新穎的建築水準來看，不免會覺得百年建築的設計與構造似乎有一點不夠寬敞明亮。

日治時期的總督府歷經三次變遷，最早是設在清朝在基隆的海關，僅僅十天就因為日軍進入臺北城，改設在布政使司衙門（位置在今中山堂）西邊不遠的欽差行臺。欽差行臺的建築也被稱「籌防局」，因為臺灣在割讓時曇花一現的「臺灣民主國」，曾經在這裡設立籌措抵抗日軍防務的籌防局。

為了把欽差行臺改設為總督府，還要增添氣派，所以拆除前面原有的房子以打通道路，這就是現在的衡陽路。明治三十八年、西元一九〇五年總督府發生火災，才促使籌蓋新的總督府，以磚造取代傳統的木造建築。

如今作為總統府的總督府，當時採取公開徵件，這也是日本國內第一次舉辦正式的建築設計比賽。不過後來獲得「甲賞」的設計因為被認為跟荷蘭海牙的和平宮太相似，遭到淘汰，改以「乙賞」為基礎進行修改，大正元年、西元一九一二年動工，到大正八年、西元一九一九年完工，當時是全日本最高的紅磚建築，除了具有抗震功能，還裝設了臺灣第一部電梯，耗費二八一萬日圓。這一年日本的大學畢業上班族起薪大約是五十圓到一百日圓，如果以現在臺灣的大學畢業上班族起薪新臺幣三萬元至六萬元來推論，總督府造價相當於現在的十七億日圓。有個數據可供比較，那就是為了迎接西元二〇二〇年東京奧運而興建的「國立競技場」，總工程費為一五六九億日圓。

在日治時期，臺灣的成功實業家一度盛行以紅磚興建巴洛克式的建築，這是因為當年完工落成的臺灣總督府，就被認為是巴洛克式的建築。不過成功大學建築學系的名譽教授傅朝卿指出，總督府的建築風格應該是「歷史式樣」，而不是巴洛克或是結合歌德，因為十九世紀末到二十世紀初期流行西方歷史主義，當時建築師就汲取不同建築時期的元素，這種建築風格被稱為歷史式樣，包括總督府在內的日治時期許多知名建築都是歷史式樣，但各界以訛傳訛，一直說成巴洛克式建築。

有些日治時期建成的「豪宅」，至今仍保存一定程度的原貌，這些百年歷史的民間建築往往被宣稱，其磚瓦建材是來自於總督府，是當年建造臺灣總督府時，剩餘或是被淘汰的專用磚瓦建材，最重要的證據就是這些「巴洛克式」民間建築的紅磚上面還有

「TR」的標示。

「TR」是「台灣煉瓦（Taiwan Renga）」的英文縮寫，台灣煉瓦株式會社是當時臺灣最頂尖的建築材料生產公司，這點確實沒錯，成立於大正四年、西元一九一三年，在高雄也有工廠，廠房至今也還存在。「煉瓦」二字，就是紅磚的意思。當時的紅磚烙印上了「TR」二字，就是品牌的代表，也是品質的保證。

一般人看到「紅磚」二字，可能會聯想現在常見的紅磚，其實當年TR紅磚的品質遠遠高於現在的一般紅磚，TR紅磚的密度、重量都遠遠超過現在市面上的紅磚，如果有機會看到TR紅磚，甚至是跟現在的紅磚作比較，就可以輕易發現差別。

事實上，當時建造總督府所使用的不是TR紅磚，而是有「SS」烙印的紅磚，這是來自日本東京「品川白煉瓦株式會社」的高級製品。如果有機會進入如今的總統府，不妨留心紅磚的形狀與烙印。

由此可見，當年興建總督府非常用心，使用的是即使在日本也首屈一指的建築材料，但因為從日本運來的成本太過昂貴，所以總督府在興建其他附屬機構的建築時，除了少部分使用「SS」菱形紅磚，其他多數都是使用當時在臺灣最頂級的「TR」台灣煉瓦建材。當時台灣煉瓦生產的紅磚，不是總督府專用，也販售給民間，有錢就可以買到，所以民間如果使用有「TR」烙印的紅磚，建材的來源不一定與總督府有關。

值得一提的是，當年為總督府提供「ＳＳ」菱形紅磚的品川白煉瓦株式會社，創立於明治八年、西元一八七五年，到目前都還在經營，是日本建材界非常知名的上市公司，股票代碼為**J5351**。

新北市汐止區早在西元一六四〇年就有相關記載，相當於明朝的崇禎十三年，俗稱荷蘭人的尼德蘭人發兵北上驅走西班牙人。當時文獻記載提到「峰仔峙社」，就是今日汐止。清朝乾隆年間，廣東人來此開墾，建立「峰仔峙莊」，乾隆二十三年、西元一七五八年發展成「峰仔峙街」，即現在汐止區中正路，至今仍有居民稱之為「街仔」。同治十年、西元一八七一年刊行的《淡水廳志》已稱汐止為水返腳，因潮水可沿基隆河回漲至此。日治時期，依其意思而改名為汐止。

昭和十二年、西元一九三七年日本總督府積極推動皇民化運動，在全臺廣建神社，當時處處都有神社，最有名的是在圓山的台灣神社（後來升格為台灣神宮），只是後來隨著日本戰敗撤出臺灣，多數神社都已經被拆除或改建。

新北市汐止區在日治時期就有神社，而且還充滿故事。汐止神社的原址目前仍然留下不少當年文物，見證歷史的變遷。

汐止神社完工於日治時期的昭和十二年、西元一九三七年，祭祀對象包括日本北白川宮能久親王。會在汐止建造神社，跟北白川宮親王的關係非常密切。

北白川宮親王擔任日本接收臺灣軍隊的總指揮官，在明治二十八年、西元一八九五年五月二十九日來臺。有文獻記載，日軍從澳底抵達汐止時，北白川宮親王就是住在汐止大家族蘇家的房子，當時屋主蘇樹森「簞食壺漿以迎」。五個月後，同年的十月二十八日，北白川宮親王因為染病（也有人認為是在乙未戰爭之中受傷）而死於臺灣。總督府在臺灣建立日本神社時，北白川宮親王也被陪祀，後來總督府更將北白川宮親王住過的地方都立碑紀念，甚至建立神社。

蘇大老是汐止的重要仕紳，本來在自宅正廳奉祀先民從大陸請來的「保儀大夫金身」。汐止祭祀的保儀大夫就是唐朝安史之亂時，死守睢陽而身殉的張巡。北白川宮親王進駐時，蘇家將正廳讓出。後來北白川宮親王過世，總督府在大正十一年、西元一九二二年租下蘇宅的正廳及其左右兩間房間，作為「親王遺跡所」，蘇家則將保儀大夫神像寄奉於汐止媽祖廟。

總督府在昭和十年、西元一九三五年在當地買地擴大建造「汐止神社」，昭和十二年、西元一九三七年完工。

二次大戰結束之後，汐止的地方人士很快在西元一九四五年集體恭迎保儀大夫的神像回到原地，合併汐止神社的建築物，成為如今的忠順廟。汐止神社完工之後，只存在八年左右的時間。

現在忠順廟草坪上的石碑，是前副總統陳誠的題字，仔細一看就可以看出，在石碑的刻字之處，還可以看出汐止神社的原有雕痕。

從蘇家正廳祭祀保儀大夫，到成為汐止神社，又從汐止神社到如今的忠順廟，見證了臺灣在過去這一百多年來的滄桑歷史。

平溪天燈在日治時期沒落有祕辛

第一次來平溪，是瞻仰天燈；第二次、第三次走訪，則是因為在地的風情。

走在平溪的老街上，仍能看見許多古樸的老建築，彷彿這裡的時光停止在歷史中的某一刻，讓人不免遙想往日種種。

漢人對平溪的開發，至今已有超過兩百年的歷史，從泉州安溪來開墾的胡協成家族扮演了重要角色。

嘉慶二十五年、西元一八二〇年，漢人開始大規模在平溪開墾，當時申請墾照的是「金協福墾號」，這是由胡協成、賴天福組成的墾號，從兩者各取一字而成。胡協成也是墾號，主事者是曾經擔任汀州教諭的鹿港人胡克修，他為了開墾，特別回到祖籍地泉州安溪，招攬同宗同姓的墾戶一起到平溪開墾，到現在平溪還有很多當時胡姓墾戶的後裔。至於賴天福應該也是墾號，可惜資料有限，還有待後續研究。

對多數人來說，提起平溪，想到的絕不是開拓史，而是充滿觀光與浪漫情懷的天燈與老街。

過去幾年，平溪天燈在新北市政府的大力行銷之下，已經變成了全臺灣最受矚目的元宵節節慶活動。平溪天燈由來已久，卻在日治時期忽然沒落，背後有一段祕辛。弔詭的是，對於祕辛的真相是什麼，現在卻眾說紛紜，歸納來看，平溪天燈沒落的理由有兩種說法，都跟日本總督府有關，但是這兩種說法卻完全矛盾。

一種說法是因為日本統治時期治安良好，原本具有示警作用的放天燈景象於是不再。在新北市平溪區的官方網頁上就提到了：「日治時期，因執行理蕃及皇民政策，治安轉為良好，放天燈示警的景象不再。」

按照這種說法，原本平溪一帶有很多盜匪，逼得居民要入山避難，等盜匪離去之後再放天燈報平安，通知山裡面的民眾回來。但是日本總督府統治之後，治安改善，居民不必再多躲避盜匪，所以慢慢就沒有放天燈了。

由於居民從山上回家的日子，正好是元宵節前夕，於是形成元宵節放天燈慶祝並向天公祈求平安的傳統，所以天燈又稱「天公燈」。

就此而言，雖然日本總督府造成了平溪天燈的沒落，但卻是因為對地方治安大有貢獻。

還有另外一種完全不同的說法，強調平溪天燈的沒落，是因為受到了總督府的打壓與迫害，這種說法還有兩種故事，其一是日治初期，日本軍隊進軍十分寮及平溪地區，居民逃往山中避難，等待事態平靜之後，留守者再以天燈通知村民可以下山返家。

另外一種說法，則是認為因為天燈成為躲避日軍搜捕的一種重要訊號，後來日本警方才強制禁止施放天燈。類似的說法還有總督府官員認為天燈可以用來通風報信，會成為造反的工具，所以禁止施放。

前面的說法，一種是說日本總督府與警方對平溪治安有貢獻，才讓平溪天燈自然沒落，另外一種說法卻是日本總督府與警方強制禁止。

現在距離日治時期才過了短短幾十年，經歷這段歲月的臺灣人還有不少仍活著，但是關於當年平溪天燈沒落的兩種完全對立說法居然並存，真是令人不解。

事實上，放天燈並不只是平溪才有的活動，在臺南、桃園與宜蘭等地都有相關的習俗，而且施放天燈的理由跟平溪的前述傳說還不太一樣。在道光十六年、西元一八三六年編成的《噶瑪蘭志略》對天燈已經有相關記載：「放紙鳶，……入夜則有繫燈於繩上，遠望之，炯炯如巨星者。」生於清朝，日治時期相當活躍的臺南人連雅堂，以《台灣通史》而聞名，在他寫的《台灣漫錄》之中，也曾經記載對天燈的印象：「少時以竹縛球，糊以紙，而空其底，乃以綿心漬松膠，插於球內而點之，隨風而上，高入雲際，厥狀如星，名曰孔明燈。」由此可見，當時在臺南也有放天燈的習俗，但是應該跟躲避盜匪、通知居民平安回家無關。

到底日治時期平溪放天燈的習俗為什麼突然沒落，歷史真相應該要釐清才對，值得耆老或專家繼續找出答案。

清朝在臺北開府建城，當時挑選的艋舺土地還是地勢低窪而且容易淹水之處，被認為不太適合建城。

臺北城一開始選址就充滿了曲折，後來施工也遇到不少變動。從光緒八年、西元一八八二年開工，歷經多任清朝官員，在光緒十年、西元一八八四年完工。原本擔憂的淹水問題，也因為自然變遷而漸漸消失，主要是淡水河沖刷造成河道縮減，連艋舺港口都淤淺了。臺北城興建的起訖時間，在日治時期多有誤傳，尹章義教授在《臺灣開發史研究》一書有清楚的考證。

臺灣割讓給日本之後，總督府延續清朝對臺北城的規劃，雖然拆除城牆，卻仍然以「城中」為行政中心，連規劃興建新的總督府也不離原本的城中。

第二次世界大戰日本戰敗，西元一九四五年撤離臺灣，到西元二〇二一年已經七十六年。不過如果比較日治時代的臺北地圖，會發現當時的臺北，跟現在的臺北幾乎沒差多少，尤其是作為行政中心的城中一帶，只有一個地方特別引人矚目，堪稱是亮點。

從日治時代的臺北地圖可以明顯看出，包括總督府、總督官邸、博物館、台北公園、法院、台北醫院、專賣區、台北郵便局、台北驛的位置，幾乎都跟今天的臺北一模一樣。當然，現在的名稱已各有改變：總統府、臺北賓館、臺灣博物館、二二八紀念公園、法院、臺大醫院、菸酒公司、北門郵局、臺北火車站。

最引人注目的差別之處在於，日治時期臺北地圖上，在總督官邸斜對面，在當時名為「旭町」的地方，有很大的一塊版圖是標註為「山炮隊」以及「步兵第一聯隊」，屬於軍事用地。這個地方，目前已經改建為中正紀念堂以及兩廳院。

在政治中心有軍隊基地，在世界各國都很常見，但是其中的「山炮隊」相當令人好奇，因為總督府附近並沒有山，為什麼會出現「山炮隊」？其實山炮算是當時的重武器，不一定在山地才能使用，這只表示總督府安排了重武器部隊在府前駐紮。

日治時期的許多建築都相當具有特色，最多人熟悉的原總督府、現在的總統府就是明顯的例子。其實日治時期的軍事建築也很有特色，例如步兵第一聯隊的永久兵營，完工於明治三十六年、西元一九〇三年，設計是採用當時在東南亞常見的「陽臺樣式」，當時《臺灣日日新報》形容步兵第一聯隊的兵營，看起來如同一艘大型鐵甲軍艦。

二次大戰之後日本戰敗撤出臺灣，許多軍事基地都由國防部接收，成為軍事管制地區，幾十年後陸續解除管制，外界才發現很多原本日治時期的軍事設施，都已經遭到改建或是拆除，而且沒找到太多當時的照片與記載，讓如今要研究日治時期的軍事設施增加許多困難。

輯四

富陽公園內的彈藥庫大有來頭

在一個春天的傍晚，走進臺北市東郊的富陽公園，覺得彷彿可以穿越——因為眼前出現一個奇特的隧道，另一端似乎通向以往的歲月。

臺北市的富陽公園開放很晚，但是非常有內涵。富陽公園位於六張犁地區，漢人初來開墾是借由文山古道（拳山古道）進入此地，當時主要是粵籍的客家人在此開墾。六張犁這個地名，用字頗有臺灣特色，早在荷蘭人治理時期，就以甲、犁為土地面積單位，一犁約等於五甲。有人說甲是荷蘭人引進的面積概念，但是研究者翁佳音指出，荷蘭人當年記載已經說了這是臺灣人的用語。甲的用法至今仍盛行，犁則相對已不通用，只能在若干地名上看到。

臺北市富陽公園因為開放晚，自然生態保存良好，而且在入口處不遠還有一個彈藥庫，公園告示牌沒說清楚，許多文獻在介紹時也都只提到這是日治時期的彈藥庫，但是對具體的真實情況卻往往語焉不詳。

對日治時期臺灣歷史很有興趣的資深媒體人黃鵬仁，幫忙還原了富陽公園的這段歷史，因為他阿公與幾個好兄弟都是二次大戰之後從南洋回來的臺籍日本兵，每次老兄弟聚會都會講得「口沫橫飛」，他因而得知富陽公園那一整片區域的許多情況，當年叫拳山（又叫拳頭山），後來才改稱文山，拳山山區因為掩蔽良好，被總督府選為日本軍隊聯勤跟彈藥的集結地。

日治時期位於總督府前面的山炮隊，就是把彈藥存放在拳山山區的彈藥庫。山炮隊位於現在中正紀念堂之地，靠近信義路到日治時期的旭町一帶。所謂山炮，其實就是輕量化的加農炮以及榴彈炮，因為重量很輕、機動性非常高。明治四十一年「四一式山炮」正式服役，當時日軍常用，國民政府也仿製生產。此款山炮雖然機動性高，但是射程只有六、七公里。到了西元一九三〇年代初期，日軍又生產出了更新、更厲害的「九四式山炮」，用以取代四一式山炮，可以填裝穿甲彈，不過只有在兩百公尺以內才能有效穿甲。這也顯示日本人在戰爭後期似乎已經想盡辦法，甚至不惜玉碎，連敵人已經欺近兩百公尺以內的戰鬥都考慮在內了。

總督府公文資料檔案顯示，昭和十四年、西元一九三九年，總督府徵收農田興建陸軍倉庫，在今天的臺北市政府以及三張犁一帶，蓋了大型糧倉以及靶場，而六張犁則由早期的農田變成了軍事管制區，其中，拳山（文山的原本名稱）山區因為掩蔽良好，被日軍方做為軍事彈藥庫基地，包括如今的富陽公園，其間還有五分的鐵軌提供運送；富陽公園彈藥庫就是六張犁彈藥庫。

西元一九四九年政府遷臺後，國防部接收前述軍事基地，蓋了四四兵工廠，六張犁則是存放大型炮彈以及手榴彈成品和原料庫房，也是製作彈炮零件的場所。富陽公園那一帶山麓的山坳斜坡地，被整成凸起假山和凹谷後，繼續當成彈藥庫房用地。

臺北升格為院轄市之後，六張犁一帶日漸繁榮，西元一九七六年先把兵工廠遷至三峽，彈藥庫仍繼續使用，西元一九八八年彈藥庫撤守，但當地仍然是軍事管制區，直到西元一九九四年才開放成為富陽公園。

在富陽公園入口可以看到此一「日治時期彈藥庫」，但是說明牌上卻沒有太詳細的文字，非常可惜。

在經常有民眾陳情、抗爭的立法院旁邊，有一座相當有名卻經常被行人忽略的百年古蹟，這就是濟南基督長老教會，簡稱濟南教會。

明治二十九年、西元一八九六年，日本基督教會大會派人從日本來臺視察，決定正式成立「台北日本基督教會」，簡稱為「台北教會」；後來又在昭和十二年、西元一九三七年改稱幸町教會，這就是台灣基督長老教會台北濟南教會的前身。

台北教會第一次發動募款興建，是在明治三十二年、西元一八九九年，當時的第四任臺灣總督兒玉源太郎也協助募款，募款總金額六千多圓。

台北教會的募款與改建得以順利，要特別提到一個傳奇人物，這就是有「臺灣茶葉之父」美稱的臺北著名茶商李春生，他一個人就捐了二千圓，並且捐出三百坪土地。有了李春生的大力支持，台北教會才能在隔年建築完工。

十多年後，因為信徒大幅增加，教會有重新擴建的必要，再次向各界募款。毫不意外，大茶商李春生又是捐款大戶。新的設計採取哥德式禮拜堂，設計師是當時最頂尖的設計師井手薰，他也是當時總督府的設計人之一，大正四年、西元一九一五年開工興建，到了隔年竣工完成，花費近五萬圓。

今天的濟南教會，在當時已經奠定基礎。濟南教會的南側有鐘塔，這是哥德式教堂醒目的標誌，頂層懸掛一口大鐘，原是召喚信徒聚會之用。前總統李登輝入殮禮拜時，濟南教會鳴鐘二十一響，這是百年來第一次為此鳴鐘，表達長老教會以最高的規格來追思李登輝前總統。

李春生對於濟南教會的貢獻，只是他對教會積極奉獻的眾多案例之一，反映出他的事業成就與堅貞信仰。李春生被譽為「臺灣茶葉之父」，是因為他把臺灣的烏龍茶賣到了歐美市場。在日治時期，他被認為是大臺北地區第二富豪，財產僅次於板橋林家。但是李春生絕不只是創業有成的大企業家而已，白手起家、事業有成的李春生，不只積極學習、讀書著述，對於公共事務也非常熱衷，經常慷慨奉獻，展現基督徒的榮光。

著名的德國社會學家馬克斯．韋伯在西元一九〇四年左右發表《新教倫理與資本主義精神》一書，詮釋資本主義在歐洲之所以會興起，是因為基督徒以勤奮及省用來彰顯其宗教倫理，於是造成了資本累積，進而促成資本主義興起。馬克斯．韋伯出生於西元一八六四年，李春生比他年長二十六歲，生於清朝道光十八年、西元一八三八年。馬克斯・韋伯如果當時就認識李春生，或許會覺得李春生體現了新教倫理。

比馬克斯・韋伯晚兩年出生的孫中山，畢生致力於推翻滿清的腐敗政權，奔波於海內外四處募款，也來到日治時期的臺灣尋求支援。據傳，每次李春生都協助接待，只不過，李春生的政治理念是維護安定而不是支持革命。

相較於在日治時期參與政治事務有其敏感性，李春生對教會事務就毫不保留，除了前面提到的濟南基督長老教會之外、還有大稻埕長老教會，這些教會建築都受惠於李春生與家族成員出錢、出地的大力貢獻，另一間位於大稻埕的「李春生紀念基督長老教會」，本來就是李家的物業，一直作為「大稻埕郵便電信支局」之用，支局遷走之後，李春生的孫子決定把整棟樓都捐出作為「李春生紀念基督長老教會」，為李家的教會貢獻再添一樁佳話。

重現畫壇奇才郭雪湖的美麗境界

如果問：這幾年最好看的臺灣人物傳記是哪一本？郭松年寫的《望鄉：父親郭雪湖的藝術生涯》絕對名列前茅。

除了美術界的人士，本來知道郭雪湖這位臺灣前輩畫家的民眾或許不會太多，這幾年因為有電視劇與傳記接連介紹，郭雪湖漸漸重新得到應有的重視。

郭雪湖是日治時期的臺灣最頂尖的畫家，也是臺灣膠彩畫的先鋒。郭雪湖本名郭金火，自幼家境清寒，本來沒有條件走上花費不便宜的美術之路，但是寡母卻全力支持兒子的美術夢，郭雪湖也不負母親的期待，在十九歲時畫作就入選了第一屆「台灣美術展覽會」，轟動全臺，一舉成名。郭雪湖擅長的膠彩畫，是源自唐朝的傳統藝術，但是後來在本土的傳承不順，反而是在日本發揚光大，郭雪湖得其精髓，讓國粹重光，本來是大功一件。但是日本戰敗離臺之後，有人刻意渲染郭雪湖畫的是日本畫，不是國畫，這嚴重影響了郭雪湖在臺灣的美術生涯。儘管如此，郭雪湖始終沒有放棄對膠彩畫等美術的追求。郭雪湖與夫人林阿琴是畫壇佳偶，女兒郭禎祥、郭香美以及次子郭松年都是畫家，傳承了父母親對美術的熱愛，長子郭松棻則是小說家，可惜英年早逝。

西元二〇一六年《紫色大稻程》電視劇上演，讓很多觀眾因此對日本統治時代的美術家們有了一些粗淺的認識。

很多人因此第一次知道郭雪湖。他的故事太精彩了，但是先前在臺灣，知道郭雪湖的民眾其實非常少，真的非常少。

《紫色大稻程》電視劇很活潑，其實謝里法教授的同名原著《紫色大稻程》更有不同於電視劇的精彩與深刻，引起對郭雪湖更大的興趣。儘管如此，書與電視劇講的都是一整個大時代，描寫的層面非常廣，不是只呈現郭雪湖而已，所以看完不免覺得對郭雪湖的認識還不夠全面。

還好，西元二〇一八年《望鄉：父親郭雪湖的藝術生涯》這本書出版。書名與封面設計很有水準，不過乍看之下，會讓人以為只是一本有追思文字的畫冊集，彷彿是一位兒子表達對父親的思念。這樣的書會好看嗎？從一般同類書的情況來看，出這種書的紀念意義居多，裡面的內容往往只能引發親友的追思與感念，對於一般大眾讀者來說，恐怕不會太好看。

但是只要一翻開看，就會知道先前的擔心與質疑都錯了，完完全全錯了。

這是一本感人的傳記，因為《望鄉：父親郭雪湖的藝術生涯》讓讀者宛如進入了郭雪湖的成長世界，對他一路走過歷史、成為畫家、遭遇人生重大影響的心路歷程，包括每一幅畫的創作心境，都能有非常直接的感受，於是讀者不只跟郭雪湖一起走過美術家在大時代的一生，也鮮明看到了臺灣美術的發展歷程。

最難得的是，郭松年書寫父親郭雪湖，不只寫出最真實的一面，而且大量考證相關史料並且對比父親用日文寫下的日記，加上他傳承了畫家的天分，而且撰寫的心態也繼承了父親的人格特質，充滿了包容以及智慧，因此呈現出來的歷史、溫情、洞見，都使得這本傳記非常值得推薦。

這本傳記的書名叫做《望鄉：父親郭雪湖的藝術生涯》。為什麼望鄉？為什麼離鄉？書裡面沒有提出膚淺的指控，而是讓我們置身於郭雪湖當年的心境當中，自己去理解，於是讀來充滿了將心比心的不捨，不知不覺已然眼眶泛淚。

三國時期的曹操曾經讚賞「生子當如孫仲謀」，金句流傳至今。從郭雪湖寡母的角度來看，生子當如郭雪湖，為寡母與家族爭光。從郭雪湖的角度來看，生子當如郭松年，以一本絕妙好書，為父親記錄並且重現精彩的美麗境界。

位於臺北市文山區、政治大學後山的指南宮，俗稱仙公廟，供奉的是八仙裡面的呂洞賓。長久以來，廟方都因為一則沒有根據的傳言而困擾，這則傳言指稱情侶上了指南宮會分手。

指南宮供奉的呂洞賓，一般認為是光緒八年、西元一八八二年，由淡水知縣王彬林來臺赴任時，從山西永樂宮分靈迎奉而來。山西永樂據傳是呂洞賓的家鄉，永樂宮興建於元朝，是全真教的三大祖庭之一。另一種說法是同一年由艋舺縣丞王斌林迎奉來臺，但是艋舺縣丞從未存在，而原來的新莊縣丞已因為新設臺北府而裁撤，此一說法的年代時間顯然有問題。

最早供奉在艋舺，據傳因為頗有靈驗，信眾擴散到了景尾（今景美）；光緒十六年，西元一八九〇年在現址建廟；在大正九年、西元一九二〇年大規模擴建，至今已經超過百年歷史，是臺灣知名的道教重鎮。

根據廟方的資料，情侶不能上指南宮的傳聞，雖然不是建廟一開始就有，但是也已經流傳了大概五十年。

有論文研究歸納指出：指南宮拆散情侶的謠傳有幾種來源，最主要是受到明朝小說《東遊記》八仙故事的影響，醜化了呂洞賓與何仙姑。

《東遊記》是改寫其他小說的內容拼湊而成，迎合明朝喜歡神怪小說的潮流，文學價值不高，但因為多次改編成為影劇，對民間認知有很大的影響。

歷史上，呂洞賓是晚唐人，本名嵒，字洞賓，考上進士後曾經擔任縣令。據傳他遇見鍾離權（比呂洞賓早六百多年的漢朝人），鍾離權烹煮黃粱飯，拿枕頭請呂洞賓先睡一下。呂洞賓隨後經歷大起大落、悲歡離合的一生。驚醒後才知一切都是夢，而黃粱飯還沒熟。呂洞賓從此看破紅塵、一心修道，道號純陽子。宋朝以後，呂洞賓斬妖除魔的傳說越來越多。

前述呂洞賓悟道的故事，是借用唐朝黃粱一夢的典故，但原故事的主人翁姓盧。類似故事在更早的東晉已出現，出處是鳩摩羅什翻譯的佛經。

至於何仙姑，生卒年不詳，或說生於盛唐，果真如此年紀就比呂洞賓大多了。說呂洞賓追求何仙姑，還因為追不上而遷怒。編造的人物設定品格低下，連一般人都不如，怎麼修道成仙？這不只醜化當事人，簡直是幻想張飛打岳飛、錯把道家當盜家。不只歷史年代對不上，也扭曲道教的思想。

指南宮多年來一直想要破除這樣的惡意傳言，也找了很多證據，例如廟方找到一篇《日日新報》的報導，提到了大正十四年、西元一九二五年舊曆正月進香，「北部指南宮，南部朝天宮之所奉，尤為信仰之中心，而參拜之者，絡繹不絕，前者去一日約一萬人，二日約一萬數千人，其他日有數千人……。」可見指南宮在日治時期就已經是北臺灣人民的信仰中心之一。

既然指南宮本來是宗教勝地，怎麼會變成分手陷阱？有研究找到民國六十六年（西元一九七七年）的一篇報導提到：八仙之一的呂洞賓，喜歡惡作劇，專事拆散人間的大好姻緣。這是目前找到有關指南宮會拆散情侶的最早報導。報導說呂洞賓喜歡惡作劇，不知道根據何在。

該研究找到民國八十四年（西元一九九五年）另一篇「呂洞賓拆情侶？指南宮喊冤」的報導，提到有家長為了禁止兒女到指南宮談戀愛，編造去了指南宮就會分手的謊言。推論是因為指南宮風景優美、盛名遠播，很多情侶到此約會，所以家長乾脆告訴子女如果到廟裡約會，就會被廟裡神明處罰而分手。只要仔細一想，就會知道這種說法恐怕也有問題。要找尋謠言的源頭，從古至今都不容易。

指南宮多年來努力想要破除假訊息的影響，包括收集相關研究文獻，並且透過臉書粉絲專頁多次澄清，也在後山設置「情人的勝地」、「心形愛情鎖」，希望重新回復原本的正面形象。只是澄清歸澄清、事實歸事實，熱戀中的情侶經常患得患失。面對這種傳言，欠缺信心的情侶恐怕是寧可信其有。

話說回來，如果情侶的一方或是雙方，太容易相信沒有根據的謠言，平常一定很容易受到外在不合理因素的影響，這種個性恐怕才是造成三心二意或分手的重要原因。

桃園市的壽山巖觀音寺，創建於清朝乾隆七年、西元一七四二年，到西元二〇二一年已經有二七九年的歷史，香火鼎盛、風景優美，是桃園市與新北市民眾經常前往的聖地。

很多去過壽山巖觀音寺的民眾，可能都沒注意廟裡有許多大有來頭的匾額，更沒發現匾額上藏有重大歷史謎團。

壽山巖觀音寺有一塊很特別的匾額，是堪稱最傳奇的臺灣人林文察所獻。霧峰林家第五代的林文察，從一個因手刃殺父仇人而等待審判的平民，在短短五年內躍升一品高官，帶領原住民等臺勇「反攻大陸」打敗太平軍，深受曾國藩與左宗棠推崇是第一猛將，還平定了臺灣有史以來規模最大、歷時最久的民變「萬生反」，當時他才三十五歲。

現在許多人連林文察的大名都沒聽過，更別說他的傳奇生平，所以先前寫了長篇歷史小說《台灣血皇帝》來呈現這段歷史。得知壽山巖觀音寺有林文察獻匾，立刻前往查看，竟發現裡面有重大歷史謎團。

從新莊往返桃園，開車走省道會經過萬壽路的壽山巖觀音寺，很多人也來來往往這條路，往往都因俗務纏身而匆匆趕路，沒有順道探訪這間已經將近三百年的桃園最古老寺廟。

在得知內有林文察獻匾就立即前往，一開始進了壽山巖觀音寺一再尋覓，都沒找到匾。據說是在進大廳前的正上方，但是該處卻是前總統馬英九獻的匾。找完一樓還上二、三樓去看，都沒有。心裡不由得擔心會不會是被換掉了，請教了廟方人員，才知道匾額是廟的歷史，不會輕易更動。再次查看，終於發現原來是在馬前總統獻匾的上緣，因為加裝了照明燈往下照，使得掛在更上方的林文察獻匾不易被看到。

看到匾，反而讓人腦中冒出一大問號。匾上寫「佛法無邊」，前面記明「同治參年秋月節之吉旦」，也就是西元一八六四年農曆八月，落款卻是「福建水師提督軍門林文察」。

林文察在同治元年、西元一八六二年率領臺勇收復浙江縉雲，閩浙總督左宗棠以該戰功在同治二年、西元一八六三年擢升他署理福建陸路提督（當時臺灣還屬於福建省），不久後的同年八月又奏請林文察同時署理福建水師提督並且回臺平亂。林文察一人身兼水陸兩提督，三十五歲登峰造極，衣錦還鄉帶兵平亂，風光無限。

不過局勢迅速發生轉變，因為同年十一月，朝廷不同意林文察兼署福建水師提督。在這個轉變的背後，很可能大有陰謀。

西元一八六四年一月，左宗棠奏請朝廷改派曾玉明署理福建水師提督。林文察回臺半年就完成平亂，然後再赴福建，卻旋即「戰歿」，其中疑點重重。

林文察獻匾在赴福建前不久，落款不提本職「陸路提督」，卻寫了短暫兼職而且已卸下的「水師提督」，充滿玄機，進一步來看，西元一八六四年五月十一日，有一份朝廷公文是「議政王、軍機大臣字寄閩浙總督兼署浙江巡撫左、福建巡撫徐，傳諭署福建陸路提督林文察、署福建水師提督曾玉明」，足證當時林文察已未兼署水師提督。書法名家謝忠恆博士特別賜告，根據他的考證，匾額書法出自於謝琯樵的手筆。謝琯樵是當時文壇奇人，書畫詩文篆刻都非常精通，很受推崇，被林文察禮聘為幕僚。既然如此，林文察用水師提督的頭銜公然落款，絕不可能是誤用，其中大有玄機，他刻意埋下了一個線索嗎？可惜現在已經成為歷史謎團。

壽山巖觀音寺位於桃園市萬壽路二段六巷一一一號，就在桃園市區與新北市新莊區交界，是當地歷史最久的廟宇。觀音寺歷史長達二七九年，不過最早的建築因為地震損，在同治十年、西元一八七〇年重建；日治時期又因為白蟻蛀損嚴重，在大正五年、西元一九一六年大幅整修完工，奠定了今日的觀音寺面貌。

壽山巖觀音寺非常值得探訪，附近還有許多知名景點，除了壽山巖公園，沿著山路往上，還有養生文化村、長庚高爾夫球場等景點。

臺灣有一個很獨特的迷宮村落，位於桃園市龍潭區的三坑。龍潭這個地名，來自於龍潭大池，以前因為遍布野菱，被稱為菱潭，後來因為諧音以及民間傳說，改名為龍潭。

桃園的史前遺址不少，大園的尖山遺址在西元一九四三年已經發現一些文物，不過直到西元二〇〇八年才公告為市定古蹟，其中有新石器時代中期的訊塘埔文化，距今四千五百至三千五百年，還有新石器時代晚期的圓山文化和植物園文化，距今最少三千年。西元二〇〇九年在新屋發現榕樹下遺址，西元二〇一五年在附近又發現了細繩紋陶的陶片、石刀與石斧，是新石器時代的文物，距今四千年。龍潭也曾經發現石器時代的文物。

漢人對龍潭的開發，可以追溯至清朝的康熙年間，但是直到乾隆九年、西元一七四四年漢人才開始移居至此。道光十二年至二十一年（西元一八三二年至一八四一年）之間，有客家族群因為與閩南移民械鬥失利而遷移至三坑定居，並且興建永福宮。三坑的大平迷宮村據稱創建於清朝的道光、咸豐年間，比前述時間稍晚。

大平又叫大坪，是一個傳統的客家聚落。大平迷宮村的形成原因主要應該是為了防止遭受外來的攻擊，所以把村子蓋成狹小迷宮，甚至被認為這是一種類似蜂巢式的布局，不但房舍低矮，就連其間的巷弄也都非常狹窄，連兩人並行前進都有困難，這樣一來，萬一遇到外敵突襲時，敵人就無法大舉入侵，也不便使用傳統的大型兵器攻擊，可以為村民爭取一點反擊或逃難的時間。

大平是客家村落，所以當年其預防的對象是來自下游的閩南人嗎？還是來自山區的泰雅族原住民？至今仍存在著不同的說法。在桃園的開墾歷史上，大平比較靠近山區，早年的客家移民要與泰雅族原住民爭地，所以迷宮村的設計，主要是用來防禦附近山區的原住民。令人好奇的是，全臺有很多墾村都靠近山區，都有防禦突襲的需求，但是為什麼全臺只有大平被發現存在迷宮村？回推重要歷史背景來看，咸豐年間不只臺灣發生多起嚴重械鬥，也逢太平天國由盛轉衰，尤其是咸豐八年、西元一八五八年太平天國在安慶之戰失利後，走向敗亡已成定局。這些事件與大平迷宮村的出現之間會不會有關係？令人充滿好奇。

對於迷宮，多數人都是在影視作品中看到，沒有親身經歷的機會，一般人最多只有玩玩紙上迷宮的經驗。世界上確實有真實的迷宮村落，臺灣也有據信是全臺唯一的「迷宮村」，可惜這個村落正在消失中，現在只剩殘屋若干，幾乎已經看不出本來的面貌。

歷史上最有名的迷宮設計，應該首推三國時期諸葛亮的「八陣圖」。在演義小說《三國演義》記載，東吳大都督陸遜帶兵進入此陣，結果無法出陣，幾乎全軍覆沒。詩聖杜甫曾經寫詩感嘆：「功蓋三分國，名成八陣圖。江流石不轉，遺恨失吞吳。」《三國演義》當然只是小說，未必全部真實，不過正史《三國志》的記載確實提到了諸葛亮有「八陣圖」，說他「推演兵法，作八陣圖，咸得其要。」但是具體內容如何就語焉不詳了。

據說諸葛亮的後代至今仍留下了一個迷宮村落，號稱「諸葛八卦村」。這個村落名叫高隆村，位於浙江省金華市蘭溪市的西部，是到目前為止發現的諸葛亮後裔的最大聚居地，現有諸葛姓的村民超過三千多人。

高隆村最大的特點，就是號稱是運用諸葛亮九宮八卦的原理，把全村分成了八大塊，每一塊都自成體系，八條路直通中心，而八條路之間又互相串通。據稱抗日戰爭時，有日本軍隊闖進了八封村，結果一進村就迷路，因為條條道路相通，間間房屋相似，日本士兵就像走進迷宮一樣，驚訝居然找不到方向。

相較於迷宮村，許多人比較知道大平有一座相當有名的百年古橋，名為紅橋，興建於日治大正十二年、西元一九二三年，整座橋採取拱型建築，總共有五拱，當年以糯米、紅糖、石灰等傳統材料黏合，所以也被稱為糯米橋。大平紅橋距今已有百年歷史，是全臺保存最完整的糯米橋。

有機會走訪桃園市，千萬不要忘了去參觀三坑的老街與這幾個景點，尤其是正在快速消失中的迷宮村，因為再不去看，等待拆光之後，就什麼都看不到了。

桃園市的虎頭山是觀光勝地，距離市區不遠，值得走訪的景點卻相當多。來到這裡，必須特別注意腳下的土地，因為從西元二〇一四年起，接連在虎頭山發現了新石器時代晚期的植物園文化遺址，距今大約一千八百年至一千六百年，西元二〇一六年正式命名為虎頭山公園遺址並且持續進行考古研究。

虎頭山不只有青山綠樹與考古，喜歡日本文化的朋友想要參觀神社，其實不必搭飛機去日本，到桃園市的虎頭山也可以看到幾乎是原汁原味的日本神社。

日治時期的後期，總督府積極推動皇民化運動，從昭和六年、西元一九三一年進入了準戰爭期之後，就展開「一街庄一社」的建造神社運動，在全臺各地陸續起造了大約二百座神社，幾乎各地都有。日本戰敗撤出臺灣，中華民國政府來臺，內政部一度下令拆除全臺神社。

原本桃園神社也會被拆除，但是文史工作者積極呼籲留下此一仿造唐代建築的神社，這才保留住了桃園神社，並且在民國三十五年、西元一九四六年改設為「新竹縣忠烈祠」，名稱有新竹，是因為當時桃園仍屬於新竹縣，到了民國三十九年、西元一九五〇年才從新竹劃分出來，自成一縣。

桃園神社是在昭和十三年、西元一九三八年舉行「鎮座祭」，原本奉祀的是和臺灣神社相同的造化三神以及北白川宮能久親王（他帶領日本軍隊來臺，在乙未戰爭中死於臺南）之外，加祀掌管五穀豐收的豐受大御神還有明治天皇。

桃園神社維修後，大致上維持原汁原味的日本神社建築風格，建築群包括安置神位的「本殿」、供一般信眾參拜的「拜殿」、辦公的「社務所」、供民眾在參拜前洗手及漱口的「手水舍」等，建造材料使用檜木、杉木。在神社廣場上，還有石造的鳥居、獻燈、狛犬、以及銅馬雕塑等設施。桃園神社位於虎頭山，四周古樹參天，不只神社值得參觀，附近自然景觀也非常優美。

桃園神社目前轉型為「桃園忠烈祠暨神社文化園區」，桃園市長鄭文燦編列數千萬預算，經過四百多天的修繕，改善了本殿漏水問題，更新屋瓦、重作圍牆，社務所也更全面翻新，結構補強、增設空調、更換榻榻米，石板步道也整理得非常平坦，更全面加強了無障礙坡道，再現原本的風華，成為適合觀光的景點。

「桃園忠烈祠暨神社文化園區」雖然保持了神社的完整樣貌，目前仍然有奉祀功能，不過奉祀對象已經不再是日本神道，而是因公殉職的臺灣軍警消人員，這或許也是另一種大和解的具體實踐。

走一趟虎頭山，可以深入步道體驗大自然的美好，也可以觀察腳底下會不會又有出土的史前文物，還可以參觀桃園神社的老建築、新風貌。

臺灣特姓「范姜」造就新屋地名

桃園市的新屋區，人文景觀相當淳樸，比較知名的景點都與農漁有關，例如紅樹林生態區、綠色隧道、百年石滬群與永安漁港。儘管居民不到五萬人，人口密度不高，西元二〇〇九年起卻接連發現了榕樹下遺址等新石器時代的史前文物，距今四千年。

新屋還有一大特色，就是造就新屋地名，但是到西元二〇二一年已經一六六年所以由新變老的范姜老屋。

范姜或許不算是人數眾多的大姓，但是名人輩出，近年常上新聞的包括前總統府發言人范姜泰基、藝人鍾鎮濤的妻子范姜素貞，還有治癒臺灣第一位新冠肺炎患者但是一直保持低調的范姜醫師，此外學術界也有多位范姜教授。不少人可能還不知道范姜這個姓，更多人不知道的是范姜在臺灣寫下了兩大傳奇。

清朝康熙雍正年間，廣東惠州府陸豐縣人士范集景早故，妻雷氏因貧寒而攜二子改嫁姜同英，次子范文質感念繼父養育之恩，決定五子皆冠上范姜雙姓，創造了一個新的複姓。

范姜五子先後來臺，所以臺灣成為全世界范姜這個姓的唯一發源地。目前全臺范姜姓的人口，依照政府的最新統計數據大約有四千多人，加上海外也還有數千人，不算太少，但是也不太多，如有機會認識姓范姜的朋友，都算是很難得的緣分。筆者在高中、研究所各巧遇一位范姜同學，最近又認識一位范姜友人，還是宗長之子，好事成三，也算有緣。

范文質的次子范姜殿高，最先在乾隆元年、西元一七三六年來到臺灣發展，隔年接三弟、四弟等族人陸續來到臺灣，落地生根，二十一年後開墾有成，回鄉接了父母靈位與大哥、五弟一起來臺，這五房就成為全世界范姜大家族的共同始祖。

范姜殿高與族人先墾荒才申請了「姜勝本墾號」，在乾隆十六年、西元一七五一年獲得開墾執照。范姜落地生根，成為了臺灣特有的姓，這是第一頁傳奇。

姜勝本墾號開墾的範圍非常大，三六九〇公頃，東起東勢屋崁古路透溪營盤腳（楊梅區上田里），西至林養田上石碑（新屋區石牌里），北至埔頂車路大堀坑（觀音區大堀里），南至社仔溪，面積大約接近一個鄉鎮。後續一百多年，吸引了大量人口到來，把本來的荒地變成了遍佈農田與住戶的宜居之地。范姜族人事業有成後，在咸豐四年、西元一八五四年開始興建祖祠，隔年完工建成，由於氣派宏偉、造型優美，引起地方人士的關注，往往結伴相約去看新屋，「看新屋」口耳相傳，因此成為了新屋地名的由來，又寫下另一頁傳奇，也算是名留青史、光宗耀祖。

范姜當年蓋的五座老屋至今維持良好，其中第五棟祖堂，是家族的精神中心，又稱為范姜公廳，在民國七十四年、西元一九八五年評定為第三級國家古蹟，後來改稱為市定古蹟，與大溪的李騰芳古宅並列桃園市的兩大珍貴古宅。范姜公廳的興建時間，還在李騰芳古宅之前。

范姜老屋群的其他四棟也各有特色：1號老屋是紅磚堆砌，屋脊上有燕尾，在西元二〇〇七年改為范姜觀音寺，開放參拜；2號老屋是白牆紅磚結合洗石子門牆；3號老屋的雕飾很有特色；6號老屋掛有「陶渭高風」交趾燒匾額，陶指陶朱公范蠡，渭指在渭水垂釣的姜太公，兩者合成范姜複姓。

范姜祖訓是香火不得割香分爐，一年以「春秋」兩季返回祖堂祭拜以示團結萬流歸宗，公廳前庭本來有跟人齊高的香爐，據稱是兩百多年前從大陸跨海運來，一直使用至今，見證了范姜族人一直遵從祖訓的歷史。香爐在上一次整修時另有安置，目前還沒有移回原位。

范姜公廳仍在使用中，平常依照公告開放時間可以免費參觀，是桃園市最重要的歷史人文景點之一。至於其他棟沒有開放參觀的老屋，要有范姜族人的事先安排才能進入，一般遊客請勿隨便打擾。

能夠在歷史變遷之中維持久遠傳承的大家族，通常都是以家族祠堂為核心凝聚向心力。有些數百年來都在同一地點落地生根的大家族，不只在當地有數百戶同姓同宗的繁盛盛況，形成一村一姓，或是一村有超過三、五成居民都是同宗同姓的情形。

在許多可以安土重遷的寶地，有時候，一個大家族會不只擁有一個祠堂，而可能有數個祠堂，第一個一定是以最早前來開墾的一世祖先為主的祠堂，再過幾世之後，有的子孫會從某世祖先的衍派往下再立祠堂。

每逢清明祭祖，不少人會回到家族的祠堂。

在臺灣，有許多家族都有祠堂，有的佔地遼闊，氣勢輝煌；有的歷史久遠，充滿了故事；也有的已經悄悄沒落，年久失修。

在眾多的祠堂之中，最有臺灣味、也最傳奇的絕對是如今取名為「采田福地」的七姓公祠。

七姓公祠，顧名思義，包括了七個姓，但卻不只有七大家族，現在已經有如整個「竹塹社」（Pocaal）的道卡斯族人的公祠。采田福地也是臺灣唯一比較有傳承以及規模的原住民祠堂。

位於新竹縣竹北市的采田福地，是道道地地的平埔族原住民道卡斯族人在新竹的祭祀中心。道卡斯族，耆老以「斗葛」自稱，日治時期研究者伊能嘉矩在明治三十年、西元一八九七年以道卡斯（Taokas）稱之，沿用至今。根據研究，道卡斯族主要分成了三大社群：崩山八社（或稱蓬山八社）、後龍五社、以及竹塹社。

竹塹七姓是第一批漢化的族人，七姓指的是潘、衛、三、錢、廖、金、黎七個乾隆皇帝御賜的漢姓，獎勵他們協助清廷平定林爽文事件。其中的三這個姓，可算是超級罕見的姓。當初的七姓，金、黎兩姓早在清朝的同治年間就已經絕嗣，現在只剩下廖、潘、三、衛、錢五姓，大約三千多人。竹塹社的道卡斯族人除了有公祠，還保存了族譜以及代代傳承的竹塹社戳記及印章。可惜的是，族語幾乎失傳了。

采田福地維繫了道卡斯族竹塹社的傳承，也見證了原住民漸漸被漢人同化、然後又重新尋求自我認同的歷史。

很多新竹一帶的客家人，在祭祖時從先人的名諱發音，才發現前幾代不是客家人而是閩南人，甚至更往前竟是平埔族的原住民。一追查才知道，原來道卡斯族先是被閩南人同化，後來搬遷到新竹這一帶，又被附近的客家人同化。如今，已經有越來越多的道卡斯族人後裔，重新發現自己的祖先是平埔族，道卡斯族人正積極努力，想要重新找回失落的母語。

竹塹奇男子記下臺灣災荒人吃人

患難見真情，但是真情不一定總是美善。犧牲自己拯救他人的光輝，總是非常耀眼動人；只顧自己而殘害他人的醜陋，往往令人作嘔，偏偏卻常出現。

新冠肺炎疫情在西元二〇二〇年造成全球許多民眾死亡，讓人常想起西元二〇〇三年的非典肺炎（SARS）前例。其實臺灣歷史上有過更嚴重的災情，有傳染病，也有分類械鬥等天災人禍。

以傳染病而言，西元一八九六年至一九一七年這二十年之間，臺灣出現了五次鼠疫大流行。當時臺灣人口不足三百萬人，患病人數超過三萬人，每百人就有一人患病，而且有兩萬四千多人死亡，致死率高達八成。

日本總督府當時對鼠疫防治的具體作法，包括派警察強制隔離，甚至直接就下令關押、拆屋、立刻燒屍，只管防疫大局，不免忽略了有染病可能的臺灣人以後要如何生活的實際問題。因為傳染病盛行，在日治時期就有人把臺灣稱為「鬼界之島」。曾任總督府醫學校校長的高木友枝，除了培養賴和、杜聰明、蔣渭水等臺灣醫生，他對消滅鼠疫也有重要的貢獻。

傳染病恐怖，械鬥更恐怖。清朝咸豐三年、西元一八五三年，臺灣南部出現了林恭事件、北部發生了頂下郊拚，其他的小衝突更是不少，整個社會動蕩不安，百業蕭條，結果全臺各地都陷入了嚴重的饑荒，餓死許多人。

竹塹首富、後來出任「全臺團練大臣」的林占梅北上艋舺等地走訪，目睹到處都是災後殘壁、孤兒寡婦，更可怕的是，還有人吃人的慘劇，活脫脫就是真實的地獄場景，讓他忍不住寫下〈癸丑歲暮苦苦行〉的長詩。長詩一開頭就感嘆：「苦苦苦，頻年苦，頻年未有今年苦。兵燹紛紛百事乖，道途梗塞財源杜。」見證這一段悲慘的臺灣歷史，他在詩中特別提到：「因饑奪食成群起」、「殺人食肉類食豕」，留下臺灣人吃人的白紙黑字記載。在長詩結尾，林占梅呼應開頭，再度感嘆：「苦苦苦，頻年苦，頻年未有今年苦。」

患難之中，有人結夥搶食物、有人殺人吃人肉像是在吃豬肉。這不是小說，而是真實的臺灣史。這些人為了自己的生存，把人性之中的自私面、黑暗面、醜陋面發展到了極大。即使事隔一百多年，看到這段人吃人的臺灣歷史記載，仍然怵目驚心！

患難之中，也可以看到讓人感動振奮的光輝事蹟，例如竹塹首富林占梅當時率先捐出三千石白米積極賑災，活人無數；霧峰林家林文察則是在善後的捐款名單當中名列第一，安定社會。除了前述行善的名人之外，臺灣各地一定還有更多不知名的小人物在默默助人，只是歷史沒有記載。

面對未知的疫情，想要自保是基本人性，但是在此同時，要成為發揮光明的萬物之靈，還是要成為被魔鬼誘惑沉淪的俘虜？歷史上吃人的人們，一開始多半沒想到有一天自己會吃人，奈何失之毫釐，差之千里。為善為惡，存乎一心。只要有心，人人都可以成為讓臺灣更美好的光明力量。

林占梅生於道光元年、西元一八二一年，祖父林紹賢經辦全臺鹽務，成為鉅富，全家遷至竹塹，成為竹塹兩大世家之一。

林占梅在清朝是出了名的奇男子，不只允文允武，而且慷慨濟世，對臺灣多有貢獻。在武功的部分，他在鴉片戰爭時捐出巨款建造炮臺，協助雞籠防守，獲賞貢生頭銜，兩年後捐助八里坌的防務，又獲得知府銜；道光二十七年、西元一八四七年彰化（今臺中市大甲區）發生漳泉大械鬥，他招募鄉勇扼守大甲溪，避免了械鬥之火蔓延北上，使竹塹以北得以保有平安，居功厥偉，獲得朝廷賞戴花翎。同治年間的戴潮春事件，林占梅也多建功業，當時戴潮春八卦會的紅旗軍沒能蔓延到北臺灣，林占梅當居首功，因為八卦會起事時，林占梅知道大亂在即，毅然挺身而出，他知道數量眾多的流民如果跟著起鬨，北臺灣必亂，又知道臺灣官府已來不及因應，所以不惜傾家蕩產，出錢安頓游民，招練鄉勇，同時派人稟報福建巡撫徐宗幹，獲頒「總辦臺北軍務鈐記」。同治二年、西元一八六三年官兵反攻被紅旗軍二度攻破的彰化縣城，林占梅也率領鄉勇參加，跟總兵曾玉明、臺灣道丁曰健等文武官員同時破城而入，事後被賞加按察使司之銜。

不只有武功，林占梅也是當時文壇領袖，他詩文俱佳，留下許多傑出的作品，為人又長袖善舞，在道光二十年、西元一八四九年修建的「潛園」，曾經被譽為臺灣四大庭園之一，也是當時文人最喜愛聚集之處，可惜今已不存。

林占梅文武雙全，更難得的是為人慷慨。舉例來說，咸豐三年、西元一八五三年臺灣發生林恭事件與頂下郊拚（郊，是清朝商業公會名稱的一種，頂郊與下郊是兩個對立的商業公會），全臺動盪，衍生嚴重的飢荒，林占梅捐出白米三千石來救濟災民，這是他一生之中許多救濟義舉之中的一樁而已。三千石白米，對一般人只是一個數字，必須從當時背景來看，才能知道林占梅的慷慨與功德。

咸豐三年、西元一八五三年是臺灣因動盪而衍生飢荒之年。臺灣一向盛產稻米，咸豐初年的米價，一石只要白銀一兩左右，比內地便宜許多。三千石白米本來的價值約為白銀三千兩，雖然不是小數目，卻也不算是大數目，但是這時臺灣南北都陷入了嚴重的動亂，大盤商躉售抬價，小盤商隨之惜售，造成全臺大飢荒，一般人有錢也買不到米，出現人吃人的慘況，在這種背景之下，林占梅這時捐出白米三千石就非常珍貴了。一石為十斗，一斗米大約可以煮出六十碗白飯或是一百二十碗稀飯。三千石白米，可以煮成一百八十萬碗白飯或是三百六十萬碗稀飯，以救濟災民一天吃兩餐稀飯來算，可以讓十多萬災民多活半個月，功德驚人。新竹的占梅路就是用以紀念林占梅。

儘管林占梅文武雙全、樂善好施，後來卻因為樹大招風等至今難解的原因，抑鬱吞金而終，留下無盡的感嘆。

陳澄波是廣泰成股東兼抗日首領？

陳澄波，二二八事件時不幸遇害的臺灣前輩畫家，居然又是抗日義軍的首領？這到底是怎麼一回事？

一般人印象中的陳澄波，是知名的畫家，在西元一九二六年以《嘉義の町はづれ》（現在一般稱為《嘉義街外》）的西畫，入選了當年日本的「帝國美術院展覽會」（簡稱「帝展」），這是臺灣人第一次以西畫進入帝展；其後又多次入選帝展，展現繪畫的功力。陳澄波後來投入政壇，卻在二二八事件時不幸遇害，留下永恆的遺憾。

臺灣大河小說前輩作家鍾肇政有許多知名作品，「臺灣人三部曲」的第一部名為《沉淪》，書裡卻提到陳澄波是抗日義軍領袖。這太令人好奇：這位陳澄波，難道會是剛剛提到的陳澄波嗎？

一查歷史，陳澄波還真的是抗日義軍領袖。

臺灣被清廷割讓給日本之後，臺灣人引用「當地仕紳如有不服可以起身保衛家鄉」

的國際公法，成立了臺灣民主國，推舉唐景崧擔任大總統以求自保。唐大總統任命吳湯興擔任義軍統領，迎戰日軍。

當時全臺各地紛紛組織義軍，原臺灣府知府黎景嵩找楊載雲組織新楚軍四營，楊載雲自己率領一營，招募陳澄波一營，另有兩營。

吳湯興率領包括陳澄波在內的各地義軍一路抵抗日軍，無奈雙方實力懸殊，義軍的兵力與武器都不如人，加上倉促成軍，訓練不足、指揮體系又不統一，遭逢多次潰散，但是仍屢敗屢戰。

義軍在試圖收復新竹時，吳湯興攻南門，陳澄波攻西門，楊載雲在後方接應。新竹之役失敗後，義軍又在彰化八卦山決戰之役大敗。民間有傳說認為日軍的北白川宮能久親王是在此役受到重創，不久傷重而死，但是這種說法沒有獲得日本方面證實，日方說北白川宮親王是在臺南染病而死。相較之下，臺灣的義軍統領吳湯興確實在此一戰役中炮身亡，而陳澄波也在這幾次戰役之後下落不明，或許也已陣亡。

畫家陳澄波出生於西元一八九五年，而抗日義軍領袖陳澄波則是在西元一八九五年投入抗日，並且從此失去消息，可見兩位陳澄波當然不是同一個人。抗日義軍領袖陳澄波血戰沙場時，畫家陳澄波才出生不久。

畫家陳澄波是嘉義人，抗日義軍領袖陳澄波出生地不詳，生平資料有限，連確實的生卒年都待查，只知他當過霧峰林家林朝棟「棟軍」的參贊，光緒十五年、西元一八八九年曾入股苗栗「廣泰成」墾號。

「廣泰成」開闢新竹苗栗等地區，是樟腦等資源的重要供應者，資金四大股，若干股份幾經換手，其中一次的股東組成是黃南球、姜紹祖、林振芳各認一股，陳萬青、陳澄波合認一股。

「廣泰成」的黃南球與姜紹祖，都是知名的抗日義軍領袖。黃南球是新竹、苗栗的重要開墾者，家境富裕，在清朝時因協助平亂而有五品賞銜；姜紹祖則是新竹望族，是北埔「金廣福」墾號的墾戶首領姜秀鑾的曾孫，家境富裕，參加棟軍成為將領，軍階為都司，投入抗日後被俘而死。

黃南球與姜紹祖都是客家仕紳，開墾之餘為了保家衛民而投入抗日義軍。由此可知，抗日義軍領袖陳澄波可能也是有一定的社會及經濟基礎的客家人，在當時應該是知名的客家仕紳。可惜，不知道是因為後人低調或是戰亂亡佚，抗日義軍領袖陳澄波幾乎已被世人遺忘。

回顧臺灣歷史時，發現有一位乙未戰爭的抗日領袖叫陳澄波，他在西元一八九五年率領義士迎戰來臺的日軍，戰事失利後從此失去音訊。

在抗日領袖陳澄波失去音訊的同一年稍早，同名同姓的前輩畫家陳澄波出生。很明顯，兩位陳澄波當然不是同一個人。

留學日本再回臺發展的前輩畫家陳澄波，不幸在二二八事件時慘遭殺害，令人遺憾。勉能告慰的是，臺灣人沒有忘記前輩畫家陳澄波，他一生的事蹟頗有不少記載，不少精彩畫作也都流傳下來。相較之下，抗日領袖陳澄波卻早已被許多臺灣人遺忘，除了抗日以及參加霧峰林家「棟軍」及苗栗「廣泰成」墾號之外，幾乎找不到他的生平資料。

前面一篇針對抗日領袖陳澄波的考察文章，曾在報紙發表，霧峰林家第九代傳人林光輝先生看到之後，傳來幾張陳澄波當年寫給林家信件的照片，信上的書法看起來相當高明。好奇一問：「不知道是不是師爺代筆？」畢生致力蒐藏了大量珍貴霧峰林家等臺灣史料的林光輝認為：「他親筆，因我還有數封。且這二封有張是名片。」

生在清朝臺灣的抗日領袖陳澄波能寫出這麼高明的書法，必然是當時最頂尖的精彩人物，因為當時教育很不普及，臺灣人九成以上都只能算是文盲。

清朝臺灣的啟蒙教育機構主要分為三類：社學、義學與私塾。社學都是官辦；義學以官辦為主，培植清寒子弟，偶有私人設立。前兩者的數量都不多，私塾則不少，當時臺灣人在三種啟蒙教育機構的就讀比例，在不同研究的估計中有很大的差異。

瞿海源教授認為清朝臺灣上過私塾的人口高達一〇%，男性更有大約二〇%讀過私塾。吳文星教授則具體指出：西元一八九八年，全臺私塾一七〇一所，學生二九九四一人。參考西元一九〇五年第一次臺灣戶口調查的人口三〇四萬，私塾學生人數只佔總人口的一%。

兩人對臺灣私塾學生的估計差一、二十倍，關鍵可能在納入計算的是「讀過而有小成」或是「只讀過幾天」。

筆者未曾見過面的外公是新店灣潭人，生於明治三十三年、西元一九〇〇年，死於民國三十九年、西元一九五〇年。本來以為外公沒有受過教育，後來查戶籍謄本才發現，上面記載外公讀過一年私塾。所謂私塾，可能只是附近居民的小孩共同找個識字者開課，鄉下學生來來去去，遇到農忙就輟學實屬正常，所以「讀過而有小成」相較於「只讀過幾天」，兩者有一、二十倍的差距應該不算意外。

臺灣的教育即使在日治時期也是到中後期才真正算是普及。臺灣總督府在西元一八九八年公佈了公學校相關規定，但是也有研究指出，公學校的入學率直到西元一九一五年，仍然只有區區的九．六%，而且中輟比例還高達三分之一；西元一八九九年至一九一八年二十年的公學校畢業生，累計五三四〇一人，只占西元一九一九年人口總數三五三萬人的一．五%。西元一九一九年首任文官總督田健治郎認真增設公學校，就學率才逐年增加，在西元一九三九年超過五〇%。有人批評主要招收臺灣人的公學校比不上主要招收日本人的小學校，是次等對待，這點姑且不論，總督府能普及教育仍應予以肯定。

兩位陳澄波先生的書法造詣都很不凡，可惜抗日領袖陳澄波已被遺忘。

通霄「望樓」讓臺灣捲入日俄戰爭

臺灣曾經參與日俄戰爭，這是一段常被忽略的歷史。日俄戰爭發生於西元一九〇四年至一九〇五年，兩強相爭，陸地戰場卻是在中國的東北境內，因為這正是日俄搶食的地盤。

臺灣當時是由日本統治，廣義來講本來就算參戰方，對日俄戰爭的直接參與，則是因為兩件事：

首先，當時的臺灣總督是兒玉源太郎，他深受重用，不只是第四任的臺灣總督，並先後在日本的中央政府身兼數職，包括擔任日俄戰爭時的滿洲軍總參謀長（不是參謀總長），角色非常重要。除了兒玉總督，第三任臺灣總督乃木希典也參與日俄戰爭，擔任第三集團軍的指揮官。

兒玉源太郎總督實際在臺灣的時間非常少，平常政務都是由民政長官後藤新平負責。正因如此，留德醫學博士後藤新平成了知名度最高的民政長官。

其次，日俄戰爭時，俄國陸軍大敗後，試圖以海軍反擊，派出波羅的海艦隊航行了半年，繞過大半個地球，經過臺灣前往攻擊日本。由於不確定俄羅斯艦隊會不會順道攻擊臺灣，所以臺灣及澎湖實施戒嚴，總督府更在苗栗通霄的虎頭山設置「望樓」，監視海上的動靜。據傳，因為虎頭山的通信兵發現俄國艦隊蹤跡及時通報，讓日本海軍得以在對馬海峽大敗俄羅斯艦隊。

日俄戰爭勝利後，總督府認為虎頭山的「望樓」在情報偵測上有其貢獻，所以大正年間在當地建立了「日露戰役望樓紀念碑」。日本當時把俄羅斯翻譯為「露西亞」，日露，即「日俄」之意。昭和二年、西元一九二七年，苗栗虎頭山被選入臺灣的八景十二勝之一。昭和十三年、西元一九三八年又在虎頭山上蓋了通霄神社。日本戰敗後撤出臺灣，紀念碑被改為「台灣光復紀念「『埤』」」。「埤」字很明顯應該是錯字，不知何故保留至今，也成為一景。

儘管建了「望樓」紀念碑，但是當年俄羅斯艦隊應該是從臺灣東邊海域北上，沒有經過臺灣海峽，「望樓」的真實貢獻到底有多少，不無疑問。

臺灣捲入日俄戰爭的連結雖然不強，但是日本卻送了「戰利品」到臺灣——幾門從俄羅斯擄獲而來的大炮。

其中兩門大炮，至今仍落寞地留在臺東深山裡的霧鹿部落。除此之外，還有登山客熟悉的八通關古炮。

霧鹿古炮的說明牌寫著，大炮是從俄羅斯而來，在日俄戰爭時被日本擄獲，後來又運來臺灣使用。說明牌也提到：這是鑄於西元一九〇三年列寧格勒的三吋鐵炮。八通關古炮的炮身，可以看出在左側有序號 1582，最清楚易懂的還有右側的 1905，四個阿拉伯數字似乎暗示著這尊鐵炮的鑄造日期可能不是西元一九〇三年，而是西元一九〇五年，是不是在戰爭後期才剛出廠，有待考證。

遙想一百多年前日俄戰爭，臺灣不只慷慨把總督貢獻到前線當總參謀長，又在苗栗設置了「望樓」偵察情報，戰後還收到了擄獲的大炮當紀念品。古炮來臺灣的故事，另外撰文闡述。

無奈的是，大炮跨越萬里來到臺灣山區的新使命，竟是恫嚇臺灣的原住民。

早在道光年間，臺灣的稻米與蔗糖就大量銷往內陸等地，尤其咸豐年間出現了嚴重的「七載蝗災」，臺灣的米價與糖價更是隨之大漲，帶來巨大財富。不過咸豐後期情勢改變，隨著米糖的國際競爭者出現，局勢迅速改變，先是四川也開始種植甘蔗，提煉出來的蔗糖還比臺灣便宜，帶來第一波衝擊。

緊接著，稻米也出現了來自英國的激烈競爭。臺灣盛產的稻米不只可以自給，還可以銷往內地，只有遇到大規模的動亂才會出現米荒。但是英國商人看見有利可圖，出手搶走了臺灣的白米生意，造成第二波嚴重衝擊。當時英國商人從呂宋島等東南亞地區大量購買稻米銷往中國，迅速壓低了米價，臺灣米商被逼得賤價脫售，不只嚴重虧本，甚至出現倒閉潮。

這時擔任臺灣府儒學訓導的劉家謀，乃是舉人出身，福建侯官人。臺灣府慣例是以閩南話推廣儒學，所以多由福建閩南人擔任。劉家謀親眼見到臺灣稻米與蔗糖由盛轉衰的歷史轉折，感觸良深，任職期間寫下的詩集《海音詩》中，有兩首詩特別以此為嘆。其中一首：「蜀糖利市勝閩糖，出峽長年價倍償；輓栗更教資鬼國，三杯誰覓海東糧。」「鬼國」是他暗罵英國；「三杯」則是當時臺灣一種稻米的名稱。劉家謀為這首詩寫下了清楚的註記：「臺地糖米之利，近濟東南，遠資西北。乃四川新產之糖，價廉而貨美，諸省爭趨之，臺糖因而減市；英吉利販呂宋諸夷米入於中國，臺米亦多賤售。商為虧本而歇業，農為虧本而賣田，民愈無聊賴矣。」

臺灣的米價因為英國競爭而壓低，不只影響米商，還衝擊地價。原本臺灣的農地賦稅就比內地重，米價走高時尚可應付，但是當臺灣稻米與蔗糖先後因為競爭失利而滯銷之後，種稻種米都已入不敷出，反而被賦稅壓得難以維生，甚至因為繳不起稅而被捕。劉家謀親眼目睹這些慘況，又寫了一首詩：「一甲徵租近一車，賦浮那得復言加。多田翁比無田苦，怕見當門虎老爹。」他用「虎老爹」形容上門徵稅的衙役，充滿悲戚的畫面感，一句「多田翁比無田苦」，更是道盡當時地主的辛酸。

參照地價，霧峰草鞋墩頂庄前的八分農地，乾隆五十四年、西元一七八九年買進這塊地的價格則是一六八元，平均每分地二十一元。到了在道光二十九年、西元一八四九年時，已經有水可以灌溉，適宜種植水稻，價格上漲了二點五倍，漲到四二〇元，平均每分地五二點五元。時隔六十年，而且條件改善，應該算合理漲幅。

咸豐後期、一八五〇年代末期，米、糖外銷受到挫折之後，霧峰同樣地點的農地價格嚴重下滑，有些農地每分地居然只要二十八元，甚至出現過每分地只要十三元的個案，平均價格每分地一四點八元，這是乾隆初年、一七三〇年代價格的八成左右、是嘉慶年間、一八〇〇年代的四成，如果比起道光年間、一八四〇年代，更只剩下兩成八而已，崩跌嚴重。咸豐年間的霧峰農地價格，竟在短短十年之內，跌到只剩高點的兩成八，這對經濟的衝擊之大，可想而知。

在生活困難、地價大跌時，有的人選擇認賠賣地，以求能生存下去，但是也有人獨具慧眼，危機入市，在這種時候以低價買入更多田地，等到地價回升，就可以獲得可觀的收益。霧峰林家的崛起，一部分原因就是這個時期的持家者對土地具有長遠的投資眼光。

最大民變「萬生反」敗在隊友

清朝同治元年、西元一八六二年，在彰化發生了臺灣有史以來規模最大、歷時最久的民變「戴潮春事件」。戴潮春，表字「萬生」，在造反的「八卦會」中被稱為「萬生大哥」，因此民間通常稱這次的反清起義事件為「萬生反」。

清朝的咸豐皇帝一直苦於內憂外患，英法聯軍不久前才攻陷了北京，太平天國則一直占據著南京，根本無力處理臺灣。戴潮春起義時的時間點非常正確，可惜領導出問題，後來又被「豬一樣的隊友」陷害，才會在同治三年、西元一八六四年兵敗身死。

朱一貴事件、林爽文事件與戴潮春事件，常被合稱為臺灣的三大民變，可以進行一些比較：以時間來比較，相較於戴潮春事件歷經三年多，乾隆年間的林爽文事件，歷時兩年多，至於康熙年間的朱一貴事件只有一個多月，幾乎開始不久就結束了。戴潮春事件最久，林爽文事件其次，朱一貴事件最短。以實際在第一線指揮的清廷統帥層級來比較，朱一貴事件是被閩浙總督覺羅滿保率領福建水師提督施世驃及南澳總兵藍廷珍平定，林爽文事件是被欽命大學士、中堂將軍、嘉勇公福康安平定，而戴潮春事件則是被福建陸路提督林文察與臺灣道丁曰健平定。林爽文面對的清廷層級最高，朱一貴面對的層級其次，戴潮春面對的層級最低。

以當時清廷內憂外患的情況來看，戴潮春本來或許有更大的機會成為臺灣脫離清朝統治的英雄。無奈戴潮春還沒起事時，就已經難以控制自己的陣營，起事不久之後，陣營又出現不少「豬隊友」。

這些「豬一樣的隊友」，到底是做了什麼「貢獻」呢？答案是：不但不廣結天下英雄，反而一有小小成就，就幫自己的團隊到處得罪人。

清朝臺灣的早期移民之間存在著分類械鬥，其中最常被提及的是族群械鬥，也發生許多民變。清廷在鎮壓民變的時候，總是會借力使力，刻意挑撥族群關係，漳人起義時，則借泉人、粵人之力來制衡，反之亦然。

戴潮春有了前車之鑒，一開始就強調要「連和二屬」，也就是希望漳、泉「二屬不相欺凌，方可協衷共濟，庶免分類之變」。這個策略相當正確，可惜的是，沒有完全落實，一些漳籍將領充當了「豬一樣的隊友」，才剛打下彰化，就更加排擠自己陣營當中的泉州人，造成泉州人紛紛離去。後來戴潮春進軍鹿港時，主要族群是泉州人的鹿港就堅守抵抗。戴潮春的紅旗軍在鹿港之役久圍無功，清廷派出的泉州籍總兵曾玉明得以集結大軍反攻，這是「萬生反」失敗的一大關鍵。

假如沒有「豬一樣的隊友」，戴潮春能順利團結各族群，鹿港的抵抗或許就不會這麼堅決，那麼戴潮春也許大有成功的機會。當代的社會科學有一門「反事實分析法」，假設歷史的其他可能發展路徑，有助於建構另類想像。戴潮春如果真的團結各族群而起事成功，遠在浙江的霧峰林文察回臺後還來得及力挽狂瀾嗎？整個臺灣的歷史不免會完全改寫，也許早就脫離清朝統治，那麼後來日本還會不會出兵牡丹社？會不會被清朝割讓給日本？又會不會還有後來的國民政府遷臺？恐怕都有許多變數。這麼說起來，「豬一樣的隊友」真是影響深遠。

當然，戴潮春自己要負起最大的責任。他無力貫徹自己的族群融合大策略，反而坐視「豬一樣的隊友」危害其他族群、到處樹立敵人，終於把自己的執政大聯盟越玩越小。最後不能真正成王，只剩敗寇，而且還是慘死且禍及家屬的敗寇。

歷史是過去的紀錄，但是人類總是經常忘記歷史教訓，一再重演某些歷史。鑒古觀今，往往讓人深有感懷。

在歷史舞臺上，臺灣女力一直有很多精彩的表現，只是過去的歷史偏重「男性故事」（history，his story），很少關注女力而已。

舉例來說，知名的霧峰林家代代都有奇人，霧峰林家分成下厝、頂厝兩房，一般民眾可能只知道頂厝的林獻堂，其實下厝的林文察、林朝棟、林祖密前後三代祖孫，每一位都是叱吒風雲的臺灣奇男子，只因種種因素，近代歷史反而很少提起他們。

霧峰林家以林文察官職最高，他跟稍早的王得祿是清朝臺灣人僅有的兩位一品大官。不過論及人生之奇、升官之速，林文察絕對更勝一籌。

有感於許多臺灣人居然不知道他的傳奇一生，筆者在仔細做過文史研究之後，為他寫了一本臺灣歷史小說《台灣血皇帝》，前後歷時四年、經過三次大修才完成，西元二〇二〇年出版。

許多看過的人都說，對林文察母親戴蕙娘的大智慧留下了深刻印象。在真實的歷史上，戴蒕娘確實是霧峰林家最傳奇的人物，她對家族的貢獻，恐怕還在男性族人之上。

根據文獻記載，戴蒕娘有好幾次幫助霧峰林家轉危為安，最出名的有兩次：一是丈夫林開泰（後來更名林定邦）與十七歲的次子林文明意外被攻擊而一死一重傷之時，她臨危不亂，阻止了長子林文察衝去復仇以免又陷入生命危機，這才得以保全了長子林文察與次子林文明的性命。

二是多年後，在官居從一品提督的長子林文察離奇「因公殉職」的五年後，三十六歲官拜從二品副將的次子林文明，竟在公堂之上被清朝官員埋伏殺害，當時勢力極大的林家上下得知之後憤怒無比，只想立刻報仇，多虧戴蒕娘再度發揮大智慧，領導林家忍辱負重，因而避開了早已埋好的政治陷阱，否則霧峰林家當下可能就踏入了造反抄家的巨大危機之中。如果不是戴蒕娘，霧峰林家恐怕只會剩下歷史傳說而已。

戴蒕娘的丈夫林開泰壯年身故之後，長子林文察忙於復仇、後來又帶領臺勇在福建與浙江協助攻打太平軍，次子林文明先前傷重、痊癒後追隨兄長一同從軍，這時實際維持並且進一步壯大霧峰林家的決策者就是戴蒕娘，她的經營遠見，包括在亂世時仍勇於多買田地、以農地養佃戶，厚植經濟與動員的實力，讓林家的財富在亂世之中還能有驚人的蓬勃發展。

霧峰林家男性的際遇非常傳奇，女性更是不簡單。可惜臺灣人對臺灣史不夠熟知，對林文察等霧峰林家的奇男子多半不認識，更遑論在歷史上留下很少記載的戴蒽娘等臺灣女力。

臺灣女力的歷史記載太少，儘管如此，從有限的紀錄之中，已經可以稍微窺見其精彩。《台灣血皇帝》雖為歷史小說，但是提到戴蒽娘的篇幅均有所本，希望能幫助讀者見證臺灣女力的傳奇歷史。

朝廷謀殺林文察以免臺灣生變？

臺灣人都知道霧峰林家，但可能只以為這是觀光勝地，不太知道霧峰林家的輝煌歷史，尤其是霧峰林家第五代家主林文察的傳奇一生。

林文察堪稱是清朝臺灣的第一傳奇人物，一生精彩，為報父仇而手刃仇人，本來難逃法網，後來為了將功贖罪而入伍，深入福建及浙江攻打太平天國，結果在短短五年之內就成為從一品的頂級武官，這樣的真實人生比起很多小說的劇情還要傳奇。

林文察一度身兼從一品的福建陸路提督與福建水師提督，以現在來看，大概就是福建軍區（當時包括臺灣）的陸軍總司令與海軍總司令。以品秩而論，林文察比頂頭上司曾國藩、左宗棠的本職還高。因為依照清朝官秩，總督是正二品，巡撫是從二品。不過清朝官場文化重文輕武，多以總督、巡撫等文官去管轄武官，而且經常幫總督、巡撫加銜，最常見的是總督「領兵部尚書銜」，變成從一品；巡撫則「領兵部侍郎銜」，變成正二品。清朝第一名臣曾國藩，長期都擔任正二品的總督，但是又兼任正一品的武英殿大學士等要職，所以是一品大臣，何況他還有爵位，這是超品。

林文察曾經「反攻大陸」，不但以少勝多，打敗了當時在福建與浙江一帶的太平軍，還被曾國藩公開表揚是福建第一戰將，更讓人驚訝的是，林文察帶去打太平天國的臺勇，不但有臺灣人，還有平埔族的巴宰族人，連當年還有紋面而被稱為王字番的泰雅族人可能也在其中。

至今還有很多人不太知道這段歷史：臺灣的平埔族人與泰雅族人曾經渡海遠征攻打太平軍。

林文察三十一歲從戎，遠征福建、浙江，三十六歲就成為清朝唯一的一位同時身兼福建陸路提督與福建水師提督的雙提督一品武將。林文察回到臺灣平定戴潮春事件之後，聲望如日中天，這時渡海前往福建再戰，百戰百勝的他，卻迅速就在福建漳州萬松關之役戰歿。

表面上，林文察的輝煌人生在三十六歲就殞落，乃是因公陣亡，但是也很有可能是死於謀殺。

拙著《台灣血皇帝：血海帝王霧峰林文察》一書，在形式上雖是歷史小說，卻找到很多確切的史實，推論出林文察的忽然陣亡，很可能是清朝官員擔心林家在臺灣的勢力太大，擔心會難以控制，所以刻意陷害林文察被太平軍的猛將與大軍包圍，造成一代將星的提早殞落。這點從福建官員一直強調林文察會造成後患的許多奏章，以及林文察身陷太平軍重圍之時，附近清軍卻沒有即時援助等證據，都可以得到一些啟人疑竇的蛛絲馬跡。

林文察的弟弟林文明，因戰功官拜正二品的副將，後來也離奇被斬殺於彰化縣公堂之上。「壽至公堂」至今仍是中臺灣的一大傳奇懸案。

這段歷史的真相到底如何，有待更多研究證明。

清朝臺灣最傳奇的人物，莫過於霧峰林家的林文察。林文察以手刃殺父仇人的待罪之身，投身軍旅將功贖罪，帶領臺勇在浙江福建多次以寡擊眾打敗太平軍，短短五年成為從一品的提督，又平定臺灣有史以來最大的民變「戴潮春事件」，卻在最輝煌的時候神祕陣亡，留下許多歷史謎團。

霧峰林家第五代的林文察生於道光八年、西元一八二八年，在同治三年、西元一八六四年因公殉職後，霧峰林家根據林文察的仿真畫，找專家泥塑而成其塑像，至今已經超過一百五十年歷史，一直是霧峰林家的重要傳承。

西元一九八一年，《漢聲雜誌》元月號以專文介紹林文察並且對塑像攝像，後來塑像就遭竊失蹤，整整四十年都沒有消息。

霧峰林家第九代的林光輝知道高祖父的塑像遭竊之後，多年來遍查全臺各地的古董店，但是皆無所獲。直到西元二〇二〇年林光輝得知塑像有了消息，急欲買回，但是遭到族人反對，更以「購買贓物罪」威脅，何以如此，實在令人費解。其中是否頗有不足為外人道的家族祕辛，外界不免好奇。

幾經波折之後，塑像由南天宮購得，這時距離塑像失蹤已經超過四十年。南天宮在西元二〇二一年四月二十四日特別安排林文察塑像回到霧峰林家「宮保第」的公媽廳，充滿歷史意義。

林文察與南天宮跟的關係非常密切，了解歷史脈絡的人都知道。南天宮所供奉的老五媽祖（民間傳說媽祖有不同分靈，有大媽、二媽、三媽、四媽、五媽以及六媽），乃是同治二年、西元一八六三年林文察率兵返臺平亂時，特別從福建老家請回來、供奉於船首的「船頭媽」，本來供奉在霧峰林家的公媽廳，後來才興建南天宮以供各界祭祀。

當天林文察塑像在五間媽祖宮廟以及陣頭的陪同之下，先繞行鄉里，沿途吸引許多民眾的關心。塑像進入「宮保第」門庭時，由第九代的玄孫林光輝代表、率領家族子孫恭迎，地方重要人士也都到場見證歷史性的一刻。

林家由開臺祖林石開創，一步一步站穩腳跟，霧峰林家能有今天的功業，主要是由林文察奠基，他的兒子林朝棟領導棟軍、孫子林祖密曾任閩南軍司令，一門忠烈、一脈傳承，這是霧峰林家應該永遠銘記的傳家精神。

林文察雖然是清朝臺灣最傳奇的人物，不過因為許多歷史及政治因素的影響，當代民眾對他的認識可能不太多。他的傳奇一生詳請，可參考拙著歷史小說《台灣血皇帝：血海帝王霧峰林文察》。

三代民族英雄撐起臺灣第一世家

翻開近代史，提起真正影響臺灣命運的第一世家，很多人一定會提起霧峰林家，當然，也有人會認為是板橋林家或其他家族。

過去因為各種因素，霧峰林家的傳奇歷史始終被掩藏或是刻意遺忘，還好有林家後人與歷史學者的努力，超重量級的林家研究史書陸續公開，有助於催生更多的歷史小說與戲劇。

霧峰林家遷臺以來，第五代的林文察、林文明都是傳奇人物，還曾經帶領臺勇反攻大陸、打敗太平軍。第六代的林朝棟是林文察之子，他是臺灣首任巡撫劉銘傳的左右手，不只自力組建了「棟軍」，在中法戰爭時，協助打敗進攻臺灣的法軍；在劉銘傳建設臺灣第一條鐵路時，林朝棟也是枕木等重要資源的提供者。第七代的林祖密是林朝棟之子，他追隨國父孫中山革命，幾乎散盡家財，後來成為國民革命軍最重要的閩南將領，跟先總統蔣中正在民國七年、西元一九一八年同時被授予少將官銜。

儘管霧峰林家對臺灣近代史影響深遠，但是因為許多因素，霧峰林家的真實歷史長期以來被刻意遺忘或是掩藏，直到最近幾年才開始有所改變，馬英九前總統在西元二〇〇八年參選總統時第一次走訪霧峰林家花園，誇讚這是「三代民族英雄，百年臺灣世家」。隨著越來越多的相關歷史研究與影視小說成果出現，霧峰林家的傳奇史也越來越被看見。

臺灣歷史學者黃富三早先曾經出版兩本霧峰林家的歷史研究，包括西元一九八八年出版的《霧峰林家的興起》，以及西元一九九二年出版的《霧峰林家的中挫》，整理出了霧峰林家第五代之前的歷史，從第二本書出版距今已經三十年，終於有了第三本。

霧峰林家第九代的林光輝，是林祖密之孫，畢生致力於整理、重現與介紹霧峰林家的真實歷史，費盡苦心、千辛萬苦收集了最完整而詳細的史料，並且委託退休的黃富三教授再度出馬，完成了《霧峰林家的中興》一書，讓霧峰林家第六代林朝棟的真實歷史被世人看見。

收集霧峰林家史料堪稱世界第一人的林光輝，信手拈來都是臺灣近代史珍貴史料，而且熟知背後的史實，讓許多歷史研究者都自嘆不如。林光輝表示，他手上還有許多珍貴史料，都會讓人對臺灣近代史耳目一新，尤其是關於第七代林祖密的部分，更具顛覆性，也已整理好了準備公開。

李崗導演為了讓臺灣歷史不被遺忘，曾經擔任監製，籌資數千萬元在西元二〇一三年、二〇一五年分別拍攝出《阿罩霧風雲Ⅰ：抉擇》、《阿罩霧風雲Ⅱ：落子》；西元二〇二〇年出版《台灣血皇帝：血海帝王霧峰林文察》，則是多年來第一本呈現這段史實的長篇歷史小說，無獨有偶，不約而同，同樣在這一年的稍後，作家秀霖也出版了一本《阿罩霧戰記》，把林文察與林文明的故事寫成小說。不管電影或小說，都因為有先前的歷史研究及出版，才能接棒重現霧峰林家的歷史。第三本鉅著《霧峰林家的中興》出版後，一定有助於激起新一波的歷史藝文風潮。

輯五

日本出兵臺灣的「牡丹社事件」發生之後，朝野各界都認為應該加強全臺的防禦力量，尤其北部與中部，所以臺北設府與臺灣建省漸漸變成共識。這麼一來，臺北府城跟臺灣省城要設在哪裡，就變成重要的議題。

光緒元年、西元一八七五年擔任臺灣海防欽差大臣的沈葆楨上奏，建議在臺灣北部設臺北府，下轄淡水、新竹、宜蘭三縣和基隆廳。儘管從沒有親臨勘輿，他仍主張在艋舺設臺北府城。同年，沈葆楨升任兩江總督，臺北府不再是管轄範圍。

光緒元年到光緒四年擔任福建巡撫的丁日昌親臨艋舺，他發現當時的艋舺根本是「一片平田，無險可受」。所以對臺灣海防欽差大臣沈葆楨所建議的艋舺，丁日昌在光緒元年已直言指出，選這一大片淤積地，「工重費繁」又「無險可守」，所以建議將臺北府城設在基隆。

光緒三年擔任第一任臺北知府的向熹、光緒四年擔任第二任知府的林達泉，都選擇在基隆或是竹塹辦公。當時基隆、艋舺、以及竹塹的各地仕紳，各都積極爭奪設府築城所帶來的利益，形成了基隆、艋舺、竹塹三方爭奪的局面，鬧得沸沸揚揚，不可開交。

臺北城雖於光緒五年開始規劃，卻拖到光緒八年開工，然後又拖到光緒十年才竣工，反映出背後有人全力在拉扯。在各方角力的情勢之下還能夠開工，要歸功於光緒七年擔任福建巡撫的岑毓英，他大力支持臺北府的府城設在艋舺。他來臺之後，臺北城才能於光緒八年開始動工；他覺得中部的防禦也不足，所以選擇以彰化（地點為今臺中市區）當省城。但是岑毓英在光緒九年升任雲貴總督，臺北城的建設又因故久拖，直到光緒十年才完工。

臺北府城完工了，臺灣省城卻還沒決定。劉銘傳在光緒十一年出任臺灣首任巡撫（兩年後改稱福建臺灣巡撫，簡稱臺灣巡撫），決定延續前任巡撫的政策，選擇彰化的大墩（今臺中公園）至橋子頭（今臺中市中心）這一帶建築省城，當時這裡很少居民，大多都是曠野。儘管政策早定，但是因為劉銘傳在臺新政遇到不少阻力，甚至爆發施九緞事件，所以拖至光緒十五年才命令臺灣知縣黃承乙與中路統領林朝棟合力在此闢建省城，建成以前，巡撫行臺暫時先設在臺北。

省城建了兩年，還沒完工，又遇上人事變遷。光緒十七年劉銘傳在連番的政壇攻擊之下，無奈告老還鄉，結束清朝官員治臺最積極的歲月，五年後劉銘傳在家中病逝，享壽六十歲。接任臺灣巡撫的邵友濂，一上任就下令省城先停工，並且在光緒二十年決定把省城移到已經建好的臺北府城之內，同年改任湖南巡撫，接任的是末代臺灣巡撫唐景崧。

隔年，光緒二十一年、西元一八九五年，臺灣被迫割讓給日本，臺灣省城來不及完工。至於在割讓前一年上任的巡撫唐景崧，在割臺之後被推舉為臺灣民主國的總統。臺灣民主國只維持了七天，唐景崧被朝廷要求退休，仕途告終。

賴和是日治時期的偉大文學家，被稱為臺灣新文學之父，他也是彰化出了名的仁醫，為貧苦病患看診經常不收費，以致行醫卻常入不敷出，曾經沒錢買菜，有彰化媽祖的美稱。

賴和被稱為「臺灣新文學之父」的理由有二：首先、提倡用閩南語寫作，而且身體力行。他在日治時期就提出了這個主張，在當時很有族群與文化的深度，即使到今天也仍然很有價值。其次、賴和根本是超級誇張的副刊主編，他不只義務主持《臺灣民報》的文藝欄，而且只要收到作者的投稿，就利用看診完後的時間，很認真閱讀並且幫忙提供意見，跟素昧平生的投稿者討論，有時甚至直接幫忙改寫到可以登出的程度，經常為此忙到半夜。賴和提攜過的文壇新人很多，包括了楊逵。楊逵本名楊貴，他用本名投稿文藝副刊，賴和不只好心提供改稿建議，甚至還說服他改用楊逵之名。楊逵後來成為第一位進軍日本中央文壇並確立小說家地位的臺籍作家。包括楊逵在內，當年投稿者人人都感念賴和的無私付出，稱他是「臺灣新文學之父」名符其實。

賴和在日治時期，兩次遭到無端關押，第二次被關在彰化武德殿時健康狀況忽然惡化，釋放出來之後沒多久時間就過世了。他來到這世上的時間，竟還不到四十年。賴和出殯之日，彰化鄉親沿途設祭，同為之悲。

賴和一生寫作極多，深具臺灣價值，展現真正的臺灣人精神，值得後人閱讀。他驟然辭世，當然來不及整理自己的作品。還好林瑞明教授以極大的心力，編輯出整套的《賴和全集》，讓我們得以回顧這一段歷史與賴和的其人其事其文采，貢獻非常深遠。

林瑞明教授本身是文學家，以本名以及林梵、林退嬰等筆名，寫出了許多文學作品，也整理編輯了許多臺灣文學重量級著作。

林瑞明教授辭世後，有媒體報導說先前引發爭議的總統府「自自冉冉」春聯是林教授寫錯。這個誤會太大了。蔡英文總統上任之後，以賴和詩句當春聯，意義非凡。總統府的春聯，確實是參考林教授編輯的賴和作品集，但是卻剛好就選中了排版時把自自由由誤植為自自冉冉的部分，印刷之前又沒有跟林教授確認，因此衍生此一插曲。林教授研究賴和多年，怎麼可能不知道原文是自自由由？參照林教授整理的其他著作也可以知道，當然是自自由由。

林瑞明教授整理出全套《賴和文集》，對認識以及研究賴和的幫助非常巨大，惠我良多，有幸成為臉友並偶有互動。林教授為人幽默謙虛，可惜天不假年，在西元二〇一八年辭世。謹此紀念林瑞明教授，願還其公道。

八掌溪治水典範與第一好官

對臺灣歷史有興趣的讀者，一定頻繁會看到《諸羅縣志》這本書的大名，這雖然不是臺灣最早完成的方志，卻是最完整而詳細的方志，所以在康熙五十六年、西元一七一七年完成後，一再被引用，至今仍有很重要的參考價值，是認識當時臺灣的重要參考文獻。

《諸羅縣志》是由知縣周鍾瑄主修，陳夢林、李欽文編纂，共十五萬字，被稱為臺灣群志之最。

因為《諸羅縣志》貢獻深遠、價值至今不減，讓人不免對周鍾瑄感到好奇，於是發現了他竟是位「第一好官」。

一般臺灣民眾也許從不認識周鍾瑄、也不知道《諸羅縣志》，但是一定聽過雲嘉南最具代表性的河川之一——八掌溪，八掌溪到現在還被水利專家認為是河川史上的治水典範，這正是周鍾瑄擔任諸羅知縣時的重要治水政績。

周鍾瑄，康熙十年、西元一六七一年生於貴州，祖籍江西。他在康熙五十三年、西元一七一四年出任諸羅知縣，隔年就治水有功，引八掌溪水、重修了將軍圳、道爺圳，築成諸羅大陂（今稱柴頭港陂），使得諸羅的良田廣增，灌溉範圍包括了現在的嘉義市、水上鄉、太保鄉、鹿草鄉與朴子市。周鍾瑄任內興闢的水利灌溉範圍非常大，有估計認為佔了當時全臺的將近一半。同年，周鍾瑄又率先捐銀六百餘兩，帶動仕紳合力創立嘉義城隍廟，藉神道以設教。

周鍾瑄的政績不只治水、興廟、修志，又設平糶法，賑濟貧民、減低稅賦；他還修了臺灣首學、建築臺灣府城。

曾經擔任知縣、同知、臺灣道襄理度支等官職的丁紹儀，在道光二十八年、西元一八四八年寫成《東瀛識略》一書，稱讚周鍾瑄「功甚於曹謹」，還說他是「臺郡循吏之冠」。循吏是二十四史對於奉職守法、清廉賢能官員的稱呼。用白話來說，丁紹儀稱讚周鍾瑄是臺灣第一好官。民眾為感念周鍾瑄，在他創立的城隍廟塑像供奉至今。

周鍾瑄雖然被稱為第一好官，卻曾捲入貪污冤案。

清廷本來認為臺灣「無庸建城」，直到雍正親自派來的巡臺御史禪濟布上奏，建請在臺南府城建城，才在雍正三年以木柵搭建全臺第一城。沒想到這件事卻造成禪濟布與臺灣知縣周鍾瑄的衝突，事因是建城經費不足，周鍾瑄判處犯下姦案的吳姓貢生罰銀四百兩並且貢獻木料一百丈，後來又多罰七百兩，雖然用於公務，卻被禪濟布看成是勒贖，他直接搜查周鍾瑄的官舍，發現存銀就指控是贓銀，造成周鍾瑄被撤職，甚至被以貪贓罪判處絞刑。當時官場都為周鍾瑄叫屈，禪濟布舉出的罪證也不足，所以周鍾瑄無罪，還升任荊州知府，儘管官聲不錯，卻在雍正心中留下不好的印象，最後在雍正十二年、西元一七三四年離開官場，此後無官一身輕，享耆壽九十二歲。

周鍾瑄捲入的貪瀆案到底是怎麼一回事，為什麼以嚴苛出名的雍正會赦免他？事涉官場鬥爭，過程曲折離奇，陳捷先教授在《青出於藍：一窺雍正帝王術》一書中，參考雍正起居注等大量重要檔案，對於此案以及周鍾瑄離開臺灣之後的仕途有精彩的還原，呈現出清朝皇帝與官場互動的複雜關係，值得一看。

來嘉義，一定要去嘉義公園，因為這裡串起了宮廷劇《延禧攻略》。《延禧攻略》先前紅極一時，在西元二〇一八年成為年度搜尋排行榜臺灣快速竄升電視劇組別的第一名。臺灣很多觀眾一心追劇，可能沒想過這齣劇跟歷史上的真實臺灣頗有關係。

嘉義公園不只串起《延禧攻略》，還見證了乾隆在碑文裡公開打臉自己。《延禧攻略》的劇情圍繞著乾隆與后妃，尤其是富察皇后弟弟富察傅恆之間的情愛與鬥爭。

在稗官野史中，乾隆因為跟富察傅恆的夫人有私情，生下了福康安，所以一直大力提拔他，讓福康安在二十六歲就擔任雲貴總督，後來又派他前來臺灣平定林爽文事件。

福康安的全名是富察福康安，生於乾隆十九年、西元一七五四年，父親富察傅恆因為被宮廷劇《延禧攻略》當成男主角，而在臺灣爆紅一時。不過在此劇中，沒有刻畫乾隆與富察傅恆夫人的私情，反而是強調富察傅恆跟乾隆的令妃常有來往，深有曖昧。其實在真實的清朝宮廷生活中，除了皇帝，其他男子就算是后妃本來的父親或兄弟等家屬，要進入後宮也很困難，不可能輕易來去。

乾隆五十二年、西元一七八七年，臺灣發生林爽文事件，臺灣知府孫景燧、副將赫生額等多名文武官員身死。乾隆命福康安率軍來臺討伐，最終生擒林爽文，送到北京凌遲處死。臺灣各地的義民廟，就是源起於福康安平亂後，官方下令建廟表揚協助平亂而犧牲的義民。

在《延禧攻略》劇情中，只有福康安的父親登場，跟臺灣更直接關係的是當配角的海蘭察。海蘭察在劇中是富察傅恆的好友，戲份不輕。在真實的歷史中，海蘭察來過臺灣，擔任參贊大臣，協助年紀比他小很多的福康安一起平亂。

富察傅恆只活了四十九歲，死於乾隆三十五年、西元一七七〇年，所以福康安來臺時，他的父親已經不在。至於劇中女主角魏瓔珞，歷史原型是令妃，死後追封孝儀皇后，也只活了四十九歲；她的年紀比富察傅恆小五歲，死於乾隆四十年、西元一七七五年，也沒能活著看到福康安來臺灣。

諸羅的名稱，原先來自於平埔族原住民的諸羅山社之名。乾隆把平定林爽文事件列為自己的十大武功之一，為了嘉賞諸羅縣義民的義舉，所以把諸羅改名嘉義；改名仍不夠，為了再表其功，清朝在乾隆五十三年、西元一七八八年，在臺灣為福康安建了生祠，並且特地從大陸運來「福康安紀功碑」，碑文還是由乾隆親筆所寫。值得一提的是，碑文提起乾隆自己先前嚴禁建立生祠，還說這種行為最欺世盜名，所以下令把已經建好的都毀去，但這時又幫福康安建立生祠，為什麼前後矛盾呢？乾隆在在碑文中特別強調像福康安這樣有大功的，要建立生祠當然可以。

當年才三十五歲的福康安掛名主將，但是朝廷也特意安排善戰老手海蘭察等大將協助。戰役過程中，乾隆回覆福康安奏摺時，多次斥責並提醒他不要因為下屬不夠謙卑就想要排除，也不要偏袒親信，但是福康安依然故我，後來還藉故殺了堅守諸羅有功、卻對福康安不夠巴結的福建水師提督柴大紀。對照來看，這樣不知道算不算欺世盜名？碑文要紀功，卻留下了乾隆打臉自己的證據。

福康安紀功碑目前保存良好，移放在嘉義公園內，被票選為嘉義的歷史建築十景之一。

碑文全文如下：

命於臺灣建福康安等功臣生祠詩以誌事

三月成功速且奇，

紀勳合與建生祠，
垂思琬琰忠明著，
消彼萑苻志默移，
臺地其橫樂民業，
海灣不復動王師，
日為日毀似殊致。

近年以各省建立生祠，最為欺世盜名惡習；因另嚴行飭禁，並將現有者概令毀去。若今特令臺灣建立福康安等生祠，實因臺灣當逆匪肆逆以來，荼毒生靈，無靈數萬。福康安等於三月之內，掃蕩無遺，全郡之民咸登衽席。此其勤績，故實有可紀；且令奸頑之徒觸目驚心，亦可以潛消狠戾。是此舉似與前此之禁毀雖相殊，而崇實斥虛之意則原相同，孰能橫議？且勵大小諸臣，果能實心為國愛民，確有美政者，原不禁其立生祠也。崇實斥虛政在茲。

乾隆五十三年八月仲秋月御筆

太保名稱來自嘉慶君愛將王得祿

在現在的臺灣說起太保這兩個字，幾乎等於是流氓的別稱，其實太保是古代重要官職。

在嘉義縣有個太保市，這個地名的由來，是清朝官名太子太保。在地人王得祿曾經獲此官銜，地名因此改稱太保。

嚴格來說，清朝官銜有太保也有太子太保，兩個官銜不一樣，前者是正一品，略高一級，後者是從一品。王得祿受封的是太子太保，他跟稍晚的林文察是清代當到從一品提督高官的「唯二」臺灣人，但王得祿受封太子太保，死後加太子太師銜（還是從一品）並追封伯爵（超品），比起林文察的太子少保略勝半籌。

王得祿，乾隆三十五年、西元一七七〇年出生於諸羅縣，十八歲就因協助福康安弭平林爽文事件有功，被任命為六品千總，還獲賞五品花翎頂戴。

王得祿從戎後屢建戰功，嘉慶十一年、西元一八〇六年在鹿耳門大敗海盜蔡牽，升任總兵。隔年，先敗海盜朱濆於雞籠澳外，再與楊廷理聯手又敗朱濆於蘇澳，隔年升任浙江提督，半年後改調福建水師提督。嘉慶十四年、西元一八〇九年剿滅蔡牽，受封超品的二等子爵，年僅三十九歲，無比風光。

王得祿十八歲已獲六品武官官銜，三十九歲晉升從一品提督，已經算一帆風順。相較之下，林文察更加快速，三十歲從戎，五年內就升到了從一品的提督。

廈門鼓浪嶼的摩崖石刻〈重興鼓浪嶼三和宮記〉，高一一點五公尺，寬六點四公尺，是王得祿撰文，記載他在三和宮前向媽祖祈求克敵制勝，終於剿滅蔡牽，於是修宮還願。如今三和宮已不復存在，徒留摩崖石刻。

在嘉慶朝得意仕途的王得祿，一到道光朝就仕途黯淡，他在道光二年、西元一八二二年因為眼疾自請休養，沒想到這一休就二十年，直到臨終。

王得祿五十二歲以後雖然沒有正式擔任官職，但還是自力平亂。道光十二年、西元一八三二年，臺灣發生張丙事件，王得祿前往廈門招募鄉勇協助平定，事後加封太子少保銜。道光十八年、西元一八三八年嘉義縣發生沈知事件，王得祿又率鄉勇前往平亂，事後加封太子太保銜。儘管加銜，始終沒有被朝廷重新起用。

道光二十一年、西元一八四一年，朝廷擔心英軍攻擊，終於起用已七十一歲的王得祿，但是未予正式職位，只令他協助臺灣道姚瑩。年邁的王得祿，隔年就病逝澎湖。

朝廷加封太子太師、追贈伯爵，諡果毅。

王得祿在嘉慶與道光兩朝的官運順逆，落差太大。從道光回覆跟王得祿有關的許多檔案可以明顯看出，皇帝對王得祿的厭惡之情幾乎毫不保留，何以如此？恐怕王得祿自己也始終不明白，真實原因仍待探索。

臺灣民間傳說嘉慶君曾微服私訪遊臺灣，危急時刻遇到適時救駕的王得祿當他保鑣，從此君臣相得。嘉慶君遊臺灣的虛構故事，從一九七〇年代開始，多次改編影視劇，紅極一時。但是事實上，清朝沒有任何一個皇帝來過臺灣，最接近皇帝之位的是福康安，他是乾隆之后的姪子，民間傳說他是乾隆的私生子。

王得祿享壽七十二歲，他的墓一直都保存良好，是全臺最大的古墓，被列為國定古蹟，備享哀榮，至今走訪仍可感受氣勢不凡。對照之下，林文察三十六歲就在福建萬松關戰歿，朝廷特准興建的臺灣祭祀專祠，先在日治時期被挪用，後來又因都市計畫而被拆除，臺灣的衣冠塚則在西元一九八〇年也不幸遭到開挖破壞，引起議論後只把未遭破壞的石馬、石仲翁移至他處，修了簡陋墳墓了事。

王得祿、林文察一品麒麟竟不同

臺灣在清朝出了兩位一品大官，一是嘉義太保的王得祿，一是彰化霧峰（現屬臺中市）的林文察，都是從一品的提督。提督品秩還在正二品的巡撫之上，不過清朝比較重視文官，經常以文抑武。

王得祿在嘉慶十三年、西元一八〇八年先後擔任浙江提督以及福建水師提督，林文察則在同治二年、西元一八六三年一度同時兼任福建陸路提督與福建水師提督。清朝在臺灣設府，歸在福建省的管轄之下。

霧峰林家的林光輝一說起家族的歷史，各種祕辛滔滔不絕，宛如天馬行空，令人瞠目結舌、嘆為觀止，偏偏他又各有所本，都能舉出考證資料，絕不是隨便說說的道聽塗說、穿鑿附會。

霧峰林家不只牽動了半部臺灣史，又跟臺灣幾大家族之間都有緊密的聯姻關係。林光輝以還原祖先歷史為使命，一生積極找尋史料，恐怕是全世界最熟知霧峰林家歷史的專家，信手拈來，處處精彩，他平常的分享內容，已足以成為口述歷史的重要題材。

林光輝對家族歷史之認真，可以從一件小事看出。林文察是從一品的提督，這是清朝臺灣人當到的最高官位。清朝官服叫「補服」，上面還有代表文武品級的鳥獸補子。清朝一品武官的補子標誌為麒麟。聊起官服，林光輝很認真分享他的最新發現——原來清朝不同皇帝年號時代的補子也不一樣，乾隆、嘉慶、道光、咸豐、同治各有設計，光是麒麟就頗有變化，其他樣式可想而知。

有兩位臺灣人在清朝當到從一品的提督高官，一位是王得祿，他在嘉慶十三年、西元一八〇八年時擔任浙江提督；一位則是林文察，他在同治元年、西元一八六二年擔任福建陸路提督，還曾經兼任水師提督，一人身兼雙提督。王得祿與林文察都是提督，官服的補子都是麒麟，但色彩與圖樣頗有不同，外行人或許搞不清楚，但是內行人一看便知。

霧峰林家有林文察、林朝棟、林祖密，大大豐富了霧峰林家與臺灣的歷史。霧峰林家還有林光輝，努力為祖上還原並保留精彩的歷史。一般人或許不能像林文察那樣建功立業、開創歷史，但一定可以效法林光輝，還原並保留自己家族走過的足跡。

臺灣第一位縣長下場悽慘

臺灣歷史上第一位縣長是誰？什麼時候上任？應該有不少人可以猜到大概的時間。針對時間的答案是：臺灣歷史上第一位縣長出現在明鄭，時為明朝永曆十五年、西元一六六一年。正確來說，知縣才是當時的縣長名稱，有兩位一起登場。

當年鄭成功趕走了荷蘭人（正確的名稱應該是尼德蘭人），在臺灣設立了一府二縣。一府是承天府，二縣則是天興縣及萬年縣，範圍大概是今天的臺南以及一部分的嘉義與高雄，範圍不小，天興縣名義上的轄區甚至包括北臺灣，但是兩位知縣的官衙都在現在的臺南市區。三年後鄭經改縣為州。

臺灣從此有了知縣，引入了秦朝就開始推行、用以取代分封制度的郡縣制度。在此之前，荷蘭是透過原住民部落來管理，沒有建立自己的地方行政體系。天興縣及萬年縣兩縣的第一任知縣分別是祝敬與莊文烈，他們成為臺灣有史以來第一批縣長。

事實上，鄭成功這時剛到臺灣，主要還是軍事統治，雖然設立府縣衙門，也任命了知府、知縣等行政官員，但是這些官員都是從部隊指派，平常任務也還是以軍事指揮為主。在鄭成功的整個團隊裡，知縣的位階其實不高，祝敬與莊文烈因為並列臺灣史上第一任縣長，得以「名垂青史」。至於後來的縣長或州長是誰，很少人關心，如今恐怕也不容易找到完整的資料。

從現有的文獻來看，兩人似乎沒有留下什麼豐功偉業，祝敬只當了半年多的知縣就丟官，而且還賠上一命，因為他苛扣軍餉而遭到處死，還禍及家人；莊文烈就沒這麼慘，他當了一年多的知縣，後來的發展沒有太多記載；在日治時期因為史書寫錯誤，一度被誤以為名字是莊之烈。

明鄭投降之後，清朝把臺灣的行政區劃改為一府三縣，一府是臺灣府，三縣是臺灣縣、諸羅縣、鳳山縣，後來逐漸形成今天的臺南、嘉義及高雄。

清朝統治時期，臺灣從康熙年間的只有三個縣，逐步增加到一直隸州、十一縣、二廳，跟現在的行政區劃已經很接近。

到了雍正年間，三個縣變成四縣二廳。雍正元年、西元一七二三年，先從諸羅縣分出彰化縣；另設淡水廳，但是淡水廳初期功能以軍事為主，不管地方行政。雍正五年、西元一七二七年增設澎湖廳。雍正七年、西元一七三〇年，淡水廳才接管地方行政，此時臺灣只有四縣二廳。

乾隆五十二年、西元一七八七年，諸羅改名為嘉義。到了嘉慶十七年、西元一八一二年，增設噶瑪蘭廳。

光緒年間變化最大，光緒元年、西元一八七六年新增臺北府，下轄三縣一廳。到了光緒十年、西元一八八四年，臺灣已設置二府、八縣、四廳。二府是臺北府、臺灣府，下有宜蘭縣、基隆廳、淡水縣、新竹縣、臺灣縣、嘉義縣、鳳山縣、彰化縣、澎湖廳、恆春縣、卑南廳、埔裏社廳。

光緒十三年、西元一八八七年，臺灣獨立為福建臺灣省，簡稱臺灣省，底下設臺北府、臺灣府、臺南府三府。必須一提的是，本來的臺灣府改名為臺南府，新的臺灣府則是設在中臺灣；又設一個直隸州。三府之下設有十一縣、三廳：臺北府包括淡水縣、宜蘭縣、新竹縣、基隆廳三縣一廳；臺灣府包括臺灣縣、彰化縣、苗栗縣、雲林縣、埔裏社廳四縣一廳；臺南府包括嘉義縣、安平縣、鳳山縣、恆春縣、澎湖廳四縣一廳；另有臺東直隸州。

光緒二十年、西元一八九四年，臺北府增設南雅廳，只是南雅廳還沒來得及正式運作，就遇上清廷戰敗割讓臺灣。

清朝的康熙是史上排名前幾名的英明皇帝，他曾經誇獎陳瓊是古今第一清廉的官員。當官者單單只是清廉，未必值得一提，要真的能為民服務、有實際政績才是好官。陳瓊一生當官十八年，將近十年都與臺灣有關，他當過臺灣縣知縣、臺灣道、以及福建巡撫（臺灣當時歸福建管）。現在多數臺灣人可能根本沒聽過陳瓊的大名，但是當時臺灣人對陳瓊的愛戴之情與感念之詞，今天看起來卻讓人覺得相當肉麻。為什麼陳瓊是古今第一清廉？他又做過什麼事而讓臺灣人感念？

康熙說：「陳瓊居官甚優，操守極清。朕亦見有清官，如伊者，朕實未見；即從古清官，亦未見有如伊者。」康熙堪稱古今第一好學的皇帝，他說從古至今沒看過像陳瓊這樣的清官。

陳瓊的清廉程度，必須從清朝的官員薪水來看。清朝因為延用了明朝的不合理低薪標準，給官員的俸祿極少。知縣年薪只有白銀大約六十兩，月薪區區五兩，就算當到一品大官，俸銀也不超過兩百兩。這樣的薪水不夠交際應酬，甚至不足以養活家庭。清朝官員的俸祿不只要養活自己與家人，還要養師爺等幕僚以及一群僕役家丁，動輒數十人。本俸一定不夠，所以要找灰色收入，也就是介於合法與非法之間的收入。清廷明知俸祿不夠，卻不從根本的薪資去解決，而是容許官員有灰色收入，包括火耗與官莊等收入。到了雍正朝才對官員加發「養廉銀」，金額是本俸的十幾倍，但是仍容許官員有灰色收入。

陳璸是康熙時的官員，當時還沒有養廉銀。他反對官員有灰色收入，認為只要拿了就是貪污。問題是陳璸不收，其他官員要收。連康熙都不贊同陳璸，因為康熙知道官員如果不拿火耗等灰色收入，一定會另外想辦法貪污，結果恐怕更糟。

陳璸從政之初，就開始革除積弊，他可以自己做的就不請幕僚，出門也不必坐轎及隨從，開銷少，就不必依賴灰色收入，所以可以落實清廉。陳璸也發現當時很多官員的幕僚已經多到不只成為冗員，甚至反過來阻礙公務進行、荼毒民眾。

陳璸擔任臺灣道時，依照慣例可有三座官莊的收入，歲入三萬兩，是本俸的幾百倍。比他早三年到任的臺灣知府周元，據傳有二十二座官莊的收入。但不知各官莊的歲入金額是不是都一樣。

陳璸把官莊分配的收入全部拿來投入公共建設，「全臺首學」的臺南孔廟，就是在他任內大幅增修才形成今日規模，當時重修歷經了三載，而且「不動公帑、不費民財」。不只孔廟，甚至連道、府、縣的衙署也都修了，甚至還營造炮臺，加強臺灣的海防，這些費用都從陳璸本來可得的官莊等收入支出，如果還有剩餘就封存在公庫。

至於火耗，也稱耗羨，是指官府向人民收稅時，要把碎銀重新鎔成銀錠，過程中會有耗損。火耗實際多少，難以查證，於是變成官員的變相收入，例如收到十萬兩，申報火耗一萬兩，而實際火耗可能只有兩千兩，差額八千倆就是由相關官員分用。申報火耗，不是可以少交錢給朝廷，而是要向民眾多收這筆錢，陳璸認為這是魚肉百姓，所以堅決反對。康熙時一兩銀的火耗不過三、五錢，不到千分之五，到了雍正時往往超過一成，甚至還有高達五成的案例，所以乾隆時統一規定火耗為一成。

陳璸卸任臺灣道時去面見康熙，康熙問：「福建有加收火耗嗎？」陳璸回答：「臺灣的三個縣沒有。」康熙認為「火耗盡禁，州縣無以辦公，恐別生弊端」，還是不同意陳璸的主張。對於火耗的分配收入，陳璸就全部捐作公用。

只是不貪，不能算好官。古今第一清廉的陳璸有政績嗎？陳璸是進士，廣東雷州人，當地的方言與閩南語系與潮汕話頗為接近，有利於他後來在福建古田與臺灣當知縣。陳璸先在古田當知縣，他大砍冗員，減少民眾負擔，並且清查土地，以免富豪逃稅或轉嫁窮人。陳璸在康熙四十一年轉任臺灣縣第七任知縣，隻身深入民間甚至囚牢，訪貧問苦、清查冤情之後，他釋放不應關押的民眾，並且提出了十二項重要措施，包括興辦教育、革除民眾不必要的攤派與繇役、禁止隨便拘禁民眾以及施加酷刑。

前面這區區幾個字，實際上不知造福多少臺灣民眾、得罪多少官吏，反映出陳璸知道那時的官員、幕僚以及衙役，經常藉由刁難以及荼毒民眾來獲取賄賂，以及他敢於有所作為的決心。

陳璸因為政績卓越經保舉調任京官，離臺時百姓極力挽留，還特別跨海前往漳州找福建名人張雄撰寫《邑侯陳公功德碑》，以銘記陳璸的功德，碑文稱頌「公之功不可沒，公之德不可忘」，在碑文後列舉了陳璸治理臺灣縣的十大善政。

康熙四十九年陳璸出任臺灣道，得以實踐先前當知縣時提出的許多政策建議，革陋規，禁酷刑，恤番民，重教化，包括興修孔廟、開辦番童社學、禁止侵占番人土地等。臺灣有祭拜文昌帝君的風氣，也是因為陳璸的提倡與推廣。他奏請福建水師護航臺灣貿易船隊，以自己的「公使錢」一萬五千兩撥充餉銀，公使錢的來源就是火耗收入。

陳璸任職期間，臺灣發生大旱，他誠心祈雨，寫下〈祈雨文〉，不但勸告神明不能辜負香火，還說「但得利民，凡百殃咎甘受，某身不悔」，意思是只要能降雨利民，他甘願因此承受各種災禍，絕不後悔。就算只是一篇公開文章，三百多年後看到這句話，仍然不免感動。

陳瓊臺灣道任滿離職前，臺灣民眾銘刻《臺廈兵備道陳公去思碑》，並說「斯石可泐，公德不朽」；在他升任福建巡撫時，民眾又雕了兩尊陳瓊像，一尊供奉於府城文昌閣，一尊送回陳瓊故鄉，雕像時民眾主動按照陳瓊鬍鬚的黑白長短，自拔其鬚以供塑像之用。

陳瓊先後擔任臺灣縣知縣兩年、臺灣道四年、又擔任福建巡撫三年，最後在福建巡撫署理閩浙總督任內過世。康熙說「此苦行老僧，國家之瑞也。」因為陳瓊清廉至極，諡號「清端」。雍正十年、西元一七三二年朝廷為表彰功臣，首設「京師賢良祠」，第一批入選的名臣有十位，其中之一就是陳瓊，這時他已經過世十四年。

儘管一般臺灣民眾或許不太知道陳瓊是誰，但是學界不同，西元二〇一四年國立臺南大學還舉辦了「陳瓊與臺灣廉政學術研討會」。臺灣至今仍有許多廟宇祭祀陳瓊，奉為神明，包括臺南孔廟的名宦祠、祀典武廟三代廳都有陳瓊的神位，北極殿正殿後屏則是奉祀陳瓊的神像。

曹公圳無助曹謹的坎坷仕途

曹公圳在臺灣享有盛名，早在清期道光十七年、西元一八三七年開鑿通水，灌溉的面積高達六千多公頃，一百多年以來惠民無數。開圳有功的曹謹，在臺灣被奉為神明，至今鳳山仍有曹公廟，相較之下，他一生的真實官運卻始終坎坷。

曹謹生於乾隆五十二年、西元一七八七年，原名瑾，是河南省河內人。他考中舉人之後，從嘉慶二十二年、西元一八一七年開始當官，一直當到道光二十五年、西元一八四五年才因病請辭返家，前後二十八年的仕途，始終只是七品知縣，偶而升上五品同知，也都當不久。

曹謹來臺之前，本來已經是福州府閩縣知縣兼署福州海防同知，本職七品，代理五品，結果被調來鳳山當知縣，本職雖是平調，其實降了不只兩級，即使不談兼署同知，光是從福建首縣調到其他縣，已經是降調，而且還是調到海外。

曹謹會做事卻不會當官，曾經親自給總督送上惠而不費的節禮，沒想到竟被門房以太廉價為由拒收，還當場搗毀，氣得曹謹當眾推打門房。不久之後，朝廷追究他先前任內的轄區有「邪教」，降級任用。曹謹捐復原官不久，稍有表現又有升官機會，這時邪教的舊案又被翻出來重新炒作，於是再次降調。他為了告誡自己以後要更謹慎才從曹瑾改名曹謹，但是改變不了已經開罪上司、聲名在外，所以又被調到鳳山。

曹謹在鳳山通圳治民有功，改調淡水同知，正逢鴉片戰爭，又跟為了如何用兵而跟上司臺灣道姚瑩出現意見不合。儘管他後來英勇率眾擊退英國海軍，立功本該有機會升官，但是英國卻指責臺灣官員亂殺戰俘，清廷畏外，犧牲曹謹，註銷他在此之前的一切封賞。

無辜的曹謹仍然戮力從公，在道光二十四年、西元一八四四年弭平彰化械鬥、緝捕海盜連續立功，朝廷自知先前理虧，在敘功時承諾如果有缺會任命他當「海疆知府」，也就是沿海省份的知府，這是從四品的官職，如果當上了，也算是曹謹仕途的一大突破。

還沒等到落實，曹謹就在道光二十五年、西元一八四五年因病請辭，回到河南家中後不久就病逝了，享壽六十三歲。

提起進士、舉人與秀才，不少人只想到文科而忽略武科。清朝從順治三年、西元一六四六年開始考試取才，文科和武科雙軌進行，兩科一樣，都分為童試、鄉試、會試和殿試四級。

清朝臺灣有多少進士與舉人？不同的數據會稍微有出入，因為涉及後來有沒有被除名等因素。根據《臺灣通志稿》，有進士三十八人；依照《清代舉人》，臺灣有舉人三二〇人。瞿海源教授在西元二〇〇三年的一篇研究論文認為，臺灣有進士四十四人，包括三十二位文進士、十二位武進士，有舉人六四九人，包括三四〇位文舉人、三〇九位武舉人；他還推估臺灣大約有秀才三三二六人，包括二四四一位文秀才，八八五位武秀才。

臺灣的秀才錄取率極低，不到三．九%，這是根據劉銘傳的奏摺推算而得。光緒十五年、西元一八八九年，也就是臺灣設省的兩年後，劉銘傳以巡撫兼代學政，上奏提到當年全臺有大約四千名考生，能考取秀才的只有一五五人。光緒年間臺灣報考秀才的人數之多，讓人印象深刻。

在咸豐朝以前，也就是十九世紀中葉以前，臺灣人考中武科的人數比起文科多很多。武科的童試在縣、府進行，上榜為武秀才；鄉試在省城進行，上榜者為武舉人；會試在京城進行，上榜者為武進士；殿試，是武進士再考，分出三等，也就是三甲：一甲前三名就叫武狀元、武榜眼、武探花。

武秀才與武舉人的考試項目一樣，先考外場，第一場考騎射及步射，第二場考弓刀石，也就是拉硬弓、舞大刀、抱大石，最後第三場是考默寫《武經》。武進士原先在最後一項不一樣，是考策論而不是默寫，著重軍事與兵法，不過因為武科考生多數根本不識字，連默寫也多有困難，以致常常偷找槍手，默寫都不會，更遑論策論了。因此到了嘉慶朝，只好把本來武進士的策論考試，也改成默寫《武經》，跟秀才、舉人考試一樣。

清朝武科考試總共產生了大約九千六百名武進士，還有大約十萬名武舉人，陣容龐大。相較於文進士或文舉人頗多知名人士，武狀元與武舉人就比較少人知道，最有名的或許是蘇乞兒，但那是一九九〇年代香港電影《武狀元蘇乞兒》裡的虛構角色，並非真實人物。

臺灣的武科進士、舉人與秀才都是地方領袖，但後來能功垂不朽的，都不是因為考試，而是創下保家衛國的戰功，就如屏東萬丹的第一位武舉人許廷耀，高屏一帶至今仍廣傳許舉人「三日攻到府，一暝趕到厝」的悲壯故事，就連「許舉人鹹粿」也名列萬丹三寶。

許廷耀又名許仰仁，乾隆十六年、西元一七五一年生於鳳山縣港西里廣安庄（臺語昔稱廣官，今萬丹鄉廣安村），乾隆四十八年、西元一七八三年考上武舉人，是當地第一位武舉人。

乾隆五十一年、西元一七八六年彰化縣發生林爽文事件，林爽文反清聲勢浩大，號稱有五十萬眾，前往平亂的臺灣知府孫景燧等文武官員陣亡；莊大田在南部起兵響應，先攻陷鳳山縣城，又包圍臺南府城。

莊大田陣營的聲勢極大，從府城以南一直到下淡水溪（今高屏溪）一帶都是其勢力範圍，所以官兵圍剿失利，鳳山縣城更已經兩度被攻破。過了下淡水溪的番仔寮（今長治鄉繁華村），更有許多仇視官府的私墾戶響應。

為了救臺保家，許舉人自己出資招募下淡水溪六庄的義民大約三千多人，三天內趕赴解救臺南府城，大敗莊大田，留下了「六庄義民救府城」的佳話。

從下淡水溪到府城大約六十公里，清朝一里相當於五七六公尺，這段距離大約一百多里。許舉人率領義民只用了三天，不只沿路交戰，再到府城打敗莊大田，非常不容易。

起事之後用兵常有奇謀的莊大田，為了報仇而回師去六庄攻打義民家鄉。許舉人得知後率眾連忙趕回，一整晚又趕路一百多里路，留下了「三日攻到府，一暝趕到厝」的傳奇。

無奈，莊大田陣營在田草埔（今鳥松鄉仁美村）埋伏，以逸待勞，趁著許舉人陣營來回長途奔波交戰、連夜趕路疲累已極時，在凌晨驟然發動襲擊。許舉人陣營苦撐到下淡水溪畔，家鄉村民不分男女老幼一起出動相救，「無武器者，亦拋擲石頭瓦礫助戰」，這時義民已「十覆其九，近乎全滅」，許舉人僅以身免。清廷主帥福康安事後上奏請求從優議敘，乾隆御筆手書「旌義」以表其功，這就是「旌義義勇公」的由來。許舉人賣盡田產三百餘甲，又借來一萬多元巨款撫卹犧牲的義民與家屬，三年多後英年早逝，享年四十一歲。

許舉人往生之後許多年，他的兒子仍然繼續變賣土地，以貫徹許舉人撫卹罹難義民以及家屬的遺願，其中有一份乾隆六十年的賣地契約，多年後才被發現，由文化部數位化之後，公開典藏於國家文化記憶庫，契約載明許廷耀缺錢賣地，「二甲八分大小共十八坵，時價佛首銀二百大員」。其實在這一年，許舉人已經往生四年。

六庄感念許舉人的忠義之舉，至今輪流祭祀許舉人以及犧牲的義勇公，許舉人後代仍是祭典的主角；屏東市六塊厝的長安宮等廟宇也奉祀義民爺至今。由於當年六庄受創慘重，始終未能建立專門祭祀的義民廟，但卻祭祀不斷，到西元二〇二一年已經延續二三四年。

許舉人以鹹粿當義民行軍時的糧食，當地人愛屋及烏，從此以後特別稱之為「許舉人鹹粿」，列名為萬丹美食三寶。

萬丹是紅豆的故鄉，紅豆又名田裡的紅寶石，紅豆餅也是萬丹美食三寶之一。還有一寶，有說是臭豆腐，也有說是羊肉爐，可見萬丹美食不只三寶。

許舉人的事蹟被寫入了鳳山縣知縣李淦籌畫的《鳳山縣志》，光緒二十年、西元一八九四年完稿，在〈列傳〉記載了他的義勇事蹟。但是隔年臺灣割讓，縣志來不及刊行，後改稱為《鳳山縣采訪冊》。許舉人的忠肝義膽，被認為是臺灣人的本色，前總統陳水扁任內特別頒贈「義薄雲天」匾額，以示尊崇。

許舉人子嗣綿延，後人許廣進熱心整理先祖事蹟，在西元二〇一八年成立「下淡水溪義勇公文化協會」，努力蒐集史料，希望重現當年的事蹟。筆者訪談許廣進老先生時，他尤其感概兒時住的祖厝院子留有兵器，很可能是許舉人當年用過的兵器，可惜古厝拆建時未能妥善保存。許舉人的後裔開枝散葉到全臺各地，曾經入閣的知名學者游盈隆教授也是許舉人的後代。

出版《亂世中的人神傳說：奇廟高雄故事》的作家劉自仁，對許舉人救援府城的這段歷史寫了不少有深度的文章在網路分享，很值得參考。

《斯卡羅》、牡丹社與花東主權

當代臺灣的命運，受到「牡丹社事件」的影響非常深遠。對於這個重大事件不可不知。西元二〇二一年廣受矚目的公共電視旗艦大戲《斯卡羅》，正是牡丹社事件的前傳，西元一八六七年發生的「羅妹號事件」。

然而，「牡丹社事件」的真相到底是什麼？刻板印象或許早該顛覆。歷史上，琉球船隻經常漂流到臺灣，早在雍正二年、西元一七二四年，巡臺御史禪濟布在上奏時就曾提到這種情況。可惜清廷一直未有明確處理，終於在一百多年後上演了牡丹社事件。

牡丹社事件的經過到底如何？由於衝突雙方一邊是已有新聞事業的日本，一邊卻是以口述傳承為主的原住民，所以一直以來，全世界接受的都是日本的說法，也就是一般人所知道的「牡丹社事件」，主要是日本史觀。

在日本史觀的影響下，一般人對「牡丹社事件」的認知如下：西元一八七一年，有琉球船隻漂流到八瑤灣（今屏東九鵬灣），多名船員因故遭到排灣族高士佛社的族人殺害，是為八瑤灣事件。有意進軍臺灣的日本與清廷交涉之後，藉機對臺出兵，殺害了牡丹社首領，迫使牡丹社與高士佛社等排灣族原住民部落投降。清廷派出欽差沈葆楨負責交涉，最後「花錢消災」，而來臺的日本軍隊也因深受瘧疾之苦，趁勢退兵。

「牡丹社事件」對臺灣有三大影響：

第一、暴露了日本把臺灣當成對外擴張的第一目標。可惜當時世上還沒有多少人正視這一點。

第二、牡丹社事件出兵，是日本軍人不理政府阻止的行動，也是「軍國主義」抬頭的開始。

第三、事後臺灣建省，可惜沒有多久，日本挑起甲午戰爭，迫使臺灣割讓。

日本史觀如上所述，但是臺灣的原住民又是怎麼看待這場戰爭呢？

長期深耕原住民歷史與文學的卑南族作家巴代（漢名為林二郎），為了採集原住民的口述歷史融入文學，曾訪問過許多部落耆老。結果居然發現：在原住民的口述歷史裡面，根本沒有「牡丹社事件」，也就是沒有臺灣原住民與日本軍隊交火的這場戰役。

在原住民口述歷史中，比較鮮明的記憶反而是西元一八七一年的琉球船隻事件，但是幾乎沒有提到西元一八七四年的牡丹社之戰。為什麼會這樣呢？

巴代發現，原來當時日本出兵攻打臺灣的原住民部落，一開始牡丹社酋長在還沒正式交手時，就遭到日軍以現代化武器殺害。至於其他部落則因為知道攻來的日軍不僅人數眾多，而且武器也遠勝於原住民的老式槍枝與獵刀。形勢比人強，對原住民來講，即使靠著大無畏的勇氣與山區的地利之便，這也絕對是一場難以對抗的戰爭，因此原住民選擇暫避其鋒，退入深山。

正因如此，當日本派出現代化部隊，大軍壓境，步步為營，進入了原住民的部落時，見到的只是空曠的部落建築，以及少數仍未撤走的族人而已，所以就放火燒光屋舍，宣布原住民投降、日軍勝利。

不難想像，對於排灣族來說，根本沒有「牡丹社事件」之戰，他們口耳相傳的歷史真相，是現代化日軍來了之後，族人暫避風頭，等日軍走了族人再回來重建家鄉，如此而已。

口述歷史呈現的原住民史觀，完全推翻了一向以來廣被接受的日本史觀。至於清廷在臺灣設省、開山撫番，甚至是日本在甲午戰爭之後統治臺灣、武力理蕃（日本人用蕃而非番字），都是後來的事了。

進一步回顧，清廷在牡丹社事件後與日本談判，雙方簽訂《臺灣事件專約》（又稱《北京專約》或《臺事北京專約》等名稱）三條，第一條是清廷賠款，承認日本是「保民義舉」，第二條是補償五十萬兩。一直以來這兩條都被批評是喪權辱國，因為居然容忍日本軍隊公然入侵領土還反過來賠錢。除此之外，專約也使清朝失去琉球的宗主國地位。

然而，回顧來看，目前廣為接受的史觀其實忽略了兩件事：

首先，八瑤灣事件的隔年，西元一八七二年又有日本小田縣（今岡山縣）民眾四人漂流到馬武窟（位於臺東縣東河鄉），遭到卑南族原住民殺害。清廷強調琉球乃中國屬國，專約所指之「民」，只是西元一八七二年漂流到臺被出草的日本小田縣民。

其次，《臺灣事件專約》簽訂前，國際社會與清廷未必認定後山是中國領土，清廷還說後山原住民均非管轄之地，但是簽訂之後主權從此明確。

先前日本交涉八瑤灣事件時，清廷由吏部尚書毛昶熙及戶部尚書董恂代表接見日本代表，毛尚書推說：「殺人者皆生番，故且置化外。……皆不服王化。」日本外交專員柳原前光說：「生番害人，貴國捨而不治，我卻將問罪島人。」毛竟回答：「生番係我化外之民，問罪與否，聽憑貴國辦理。」日本對牡丹社出兵後遇到各國質問就辯稱：「生番不隸中國版圖」。

清廷怎麼看待後山歸屬，不無疑問。清朝最早的「康熙臺灣輿圖」、最經典的「乾隆臺灣輿圖」都沒有明確納入後山。輿圖是國家版圖的依據之一，現在的外交部仍經常根據古代輿圖來佐證有爭議的領土。既然如此，日本可以主張後山為無主之地，進而占領（當時日本確實也有爭取臺灣後山主權的企圖）。但是雙方簽訂的《專約》第三條明白指出：「該處生番，中國自宜設法妥為約束，不能再受兇害。」這等於兩國都確認原住民與後山都是受清廷管轄，在國際公法上的意義重大，從此包括後山與原住民在內，全臺才算是清朝領土。

五十萬兩是什麼概念？十幾年後清廷購買新式軍艦，當時行情大約是一艘新式軍艦一百萬兩。從這個角度來看，不管先前國際社會與清廷是否認為後山「地位未定」，此時清廷以半艘軍艦的代價，透過國際條約，讓後山主權能獲得承認。

失去琉球而得到花東，是得是失？從兩個方面看：首先，琉球已經被日本實質控制兩百多年，當時清廷國力中衰，未必願意去幫琉球復國。其次，花蓮縣面積為四六二九平方公里，臺東縣面積為三五一五平方公里，花東合計八一四四平方公里；相較之下，當時琉球王國面積大約三五一二平方公里。從這兩個角度來看，儘管清廷在談判時的表現未必理想，但是談判的結果卻不算虧。

《臺灣事件專約》的達成，跟當時國際局勢有關，清廷陸續開放通商口岸，包括臺灣的淡水、臺南、基隆、高雄等港口都已開放，各國都想分一杯羹。所以牡丹社事件發生後，駐日英使向日本政府遞交抗議書，美國也禁止美國人捲入此一事件，甚至一度逮捕積極遊說日本出兵的法裔美國公民李仙得。即使《臺灣事件專約》，都是由英國駐清公使威妥瑪促成，反映出後山主權如歸清廷，有助於阻止日本獨吞以及各國利益均分。

有人可能覺得，清廷對日還是太軟弱，而且當年來臺日軍並非精銳部隊，何不一戰？但是切莫忘記，當時清廷內憂外患不斷，有沒有心力在臺灣點燃戰火，實在是一大問題，就怕牽一髮而動全身。

儘管時隔一百多年，牡丹社事件的史觀與真相，以及後續談判及簽訂專約的是非功過到底如何，或許都還有探討的空間。

臺灣對於原住民的研究，一般都以為是從日本學者伊能嘉矩開始。伊能嘉矩在慶應三年、西元一八六七年出生於日本，從小熟讀四書五經。他從岩手師範學校畢業後，加入「東京人類學會」；西元一八九五年來臺，任職於總督府，又成立了「臺灣人類學會」，苦學閩南語、泰雅語，投入原住民調查。在明治三十一年、西元一八九八年發表了《台灣土蕃開發狀況》，從此接連發表許多重要的研究報告。

關於宜蘭有猴猴族（Qauqaut）的記載，很多人以為最早是從日治時期開始，尤其是伊能嘉矩，他在明治三十一年、西元一八九六年撰寫的《台灣土蕃開發狀況》、及明治四十二年、西元一九〇九年撰寫的《平埔蕃調查書》都提到宜蘭有猴猴族。日本官員波越重在大正十三年、西元一九二四年寫的《台北州理蕃志》也有不少記載，但當時都認為猴猴族屬於泰雅族。

直到昭和十二年、西元一九三七年，移川子之藏與馬淵東一這兩位日本研究者從語言與風俗等因素，大膽推論猴猴人不屬於泰雅族，也不屬於宜蘭的噶瑪蘭族。

宜蘭本來是噶瑪蘭族的居住地，嘉慶元年、西元一七九六年，吳沙率領漳泉粵的大群墾戶（九成以上是漳州人），從三貂角一帶搭船南下烏石港附近，以火器逐漸把噶瑪蘭族驅往他處。這是漢人來臺開拓的一頁歷史，也是原住民被迫遷徙的又一頁歷史。猴猴族被日本學者發現時，曾與泰雅族混居，後來又遷到南方澳，所以一度被認為屬於泰雅族，也曾經被認為是噶瑪蘭族。

對猴猴族的研究追尋，意外還發現一個事實：在日本人以前，臺灣原住民已經有不少人注意、甚至也有不錯的研究成果，其中最深入的首推加拿大牧師馬偕，他不只對猴猴族已有記載，也從面對面的訪談中，從語言與祖先歷史等面向，推論出猴猴族不屬於泰雅族或噶瑪蘭族。他在西元一八七八年至一八九八年之間，前往宜蘭多達十六次，在日記中留下了許多珍貴的記載。玉山神學院的助理教授林昌華抄寫和翻譯馬偕牧師日記時，發現西元一八九二年五月十四日的那次旅行，馬偕牧師就記錄了猴猴族的簡單訪談成果，當時猴猴族只剩十一戶而已。馬偕牧師認為猴猴族應該是馬來人的後代，來自於菲律賓或是附近的島嶼。

再往前推，諸羅知縣周鍾瑄在康熙五十六年、西元一七一七年寫的《諸羅縣志》已經提到「越蛤仔難以南有猴猴社」。爭取清廷增設噶瑪蘭廳、被後人尊稱為「開蘭名宦」的楊廷理，在嘉慶十二年、西元一八〇七年的〈議開噶瑪蘭紀略〉也提到猴猴社。清朝官方雖然已經知道有猴猴社，但是未能進一步研究其語言風俗以及族裔。

猴猴族早就無蹤可循，推測已經完全被其他族同化，或是徹底消失在臺灣歷史的舞臺。猴猴族的真實身世到底如何？受限於族群已經消失，有心的學者只能從前人文獻以及出土文物進行分析，摸索著去解答這個或許永遠難解的謎。

對一般人來講，楊廷理不算歷史名人，他是廣西人，乾隆十二年、西元一七四七年出生。一生最高官職為「臺澎兵備道加按察使銜兼提督學政」，本職正四品，兩個加銜都是正三品，官位不低，但是他的仕途有多項傳奇，令人驚嘆。

乾隆五十一年、西元一七八六年，楊廷理到臺灣擔任臺防同知，不久遇到了林爽文事件爆發，因協助平定而在隔年升任從四品的臺灣知府，乾隆五十六年、西元一七九一年升任臺灣道，三年後加按察使銜，這是正三品，升官快速。但是隔年被指控在福建當知縣時幫前任知縣掩蓋虧空等罪而去職，謫戍伊犁六年多，又賦閒了兩年多，才因為臺灣仕紳的資助，得以「捐納」回到官場，降捐為知府，在嘉慶十一年、西元一八〇六年回頭再任臺灣知府，這時距離他上次擔任同一職位，已經過了二十年。

楊廷理離開臺灣將近十年，還有地方仕紳資助他捐官，實在很不容易。更何況，楊廷理先前還有欠餉，欠政府的債，具體數目待查，但是一直限制他的重回官場之路。

清朝要想捐納獲得知府一職，需要的可不是一筆小數目。據傳，在乾隆年間想透過捐納以得到知府的職位，需要的白銀多達一萬三千三百兩；捐納道臺一職當然更貴。有研究指出，乾隆時期的捐納收入，居然占了國庫收入的百分之十八。除了捐官之外，如果還要加上楊廷理先前的欠餉未清，數目更是可觀。臺灣仕紳願意幫一個已經離開多年的官員去負擔這筆錢，這不能不說是他的第一項傳奇。

或許有人會想，臺灣仕紳為人捐納求官可能是一種投資，等到楊廷理再度來臺當官，對仕紳一定會有回報。這種說法看似合理，問題是誰能保證朝廷一定會讓楊廷理再回到臺灣當知府？

嘉慶十二年、西元一八〇七年，楊廷理和王得祿約好夾擊，大敗準備進攻蘇澳港的海盜朱濆。勝利之餘，楊廷理更加感到必須把噶瑪蘭納入管理，以免成為海盜的陸上地盤。

楊廷理後來被降級內調，直到嘉慶十五年、西元一八一〇年，以候補知府的身分來臺開始積極規劃，多次進入噶瑪蘭考察，其間一度暫代從五品的淡水同知一職，後來又接任臺灣知府。清廷在嘉慶十七年、西元一八一二年設噶瑪蘭廳於五圍（今宜蘭市），這是他的第二項傳奇，讓他成了「開蘭名宦」。

楊廷理對噶瑪蘭的貢獻，不只是驅走海盜、爭取開蘭，還在於大力開發噶瑪蘭，而且努力壓制並調解漳泉械鬥。除此之外，楊廷理為了保障原住民，特別開闢了原住民保留地「加留餘補」，這是楊廷理創議的政策，後來推廣到全臺各地，但是名稱多有變化。當時漢人的大規模入墾，造成噶瑪蘭族的土地嚴重流失，「加留餘埔」為大社保留周圍兩里，小社保留周圍一里的土地，永禁漢人侵佔，有效保護原住民三十六社的生存環境。捍衛臺灣原住民的權益，楊廷理是先行者，這又是他的一項傳奇。

不久後，楊廷理卸任臺灣知府，本應改任福建省建寧知府，清廷卻以噶瑪蘭不穩為由，要他暫代正六品的噶瑪蘭廳通判，有如降三級。楊廷理隔年病逝於臺南，享壽六十六歲。

至今在臺南及宜蘭都有廟宇祭祀楊廷理。臺南市總趕宮與宜蘭頭城開成寺是供奉楊廷理的長生祿位，而宜蘭昭應宮則是奉祀楊廷理等三位開蘭有功的官員。

民國初年的北洋軍閥，名聲不算很好。清朝打造的北洋新軍，到了民國只剩北洋軍閥還被記得，這是因為北洋艦隊早已重挫。

北洋艦隊在歷史上大名鼎鼎，可惜都不是很正面，兩大名聲之一是經費被慈禧太后挪用去修建頤和園，造成北洋艦隊的裝備大打折扣；名聲之二當然就是在中日甲午戰爭的接連海戰一敗塗地。

慈禧到底有沒有挪用海軍軍費？有研究指出當年李鴻章帶頭募來這筆二六〇萬兩的巨款，本來就是要為慈禧慶壽，雖然名目是「恭備皇太后閱看水操」，但當時募款者都知道就是用來整修頤和園以便祝壽，何況閱看水操就是在頤和園，用這筆款項來修園似乎也算合理。

儘管如此，這筆巨款在當年可以添購兩艘最新的軍艦，如果用來添購最新軍艦，或許北洋艦隊在黃海海戰及威海衛海戰不會輸這麼慘。

北洋艦隊的正式成立，是在光緒十四年、西元一八八八年，當時的規模號稱亞洲第一、世界第八，被日本視為大敵，因此力求超越。北洋艦隊成軍時威風十足，可惜就此停滯不前。

很多人可能沒想過，當時威風八面的北洋艦隊，正式成立前的第一次兩棲登陸實戰，居然是發生在臺灣的花蓮及臺東（當時花蓮還隸屬於臺東直隸州，要到日治時期才獨立出來）。

光緒十四年、西元一八八八年的八月二日，臺灣發生大庄事件，漢人移民者以及平埔族人，因為無法忍受卑南撫墾局委員雷福海等官員的壓榨與欺凌婦女，聚眾七百多人前往位於大庄（今花蓮縣富里鄉）的官衙殺官報仇。當地是該鄉人口最多的聚落，因而得名大庄。大庄事件促成了南邊的呂家望社（今臺東縣卑南鄉利嘉部落）等地的原住民部落也起事響應，駐守水尾（今花蓮縣瑞穗鄉）的清軍遭到殲滅。

臺灣巡撫劉銘傳得知後山生變之後，知道從陸路反攻不但費時，難度也高，即請朝廷出動北洋艦隊從海上直接進攻平亂。

當時的北洋水師提督是丁汝昌，他本來參加太平軍，在同治元年、西元一八六二年轉而投入劉銘傳的銘軍水師營，算是劉銘傳的老部屬，得令之後親自率領剛從英國買來的致遠、靖遠兩艘巡洋艦前來，先用重炮轟擊呂家望社，平定南路，再北攻花蓮港進行搶灘登陸，這是北洋艦隊第一次的兩棲登陸實戰，因雙方實力太過懸殊而獲得完勝。

北洋艦隊在成軍之時，號稱是亞洲第一，但是日本在隨後幾年添購許多更新的戰艦，整體性能已勝過北洋艦隊，例如作為旗艦之一的吉野號巡洋艦是西元一八九三年就役，秋津洲號巡洋艦則是西元一八九四年就役，都是當時的最新戰艦。相較之下，北洋艦隊的旗艦定遠艦是西元一八八五年就役，落後八、九年，致遠、靖遠兩艦都是西元一八八七年就役，也落後七、八年，又一直沒有更新設備。在黃海海戰中，來過臺灣的致遠艦爆炸沉沒，靖遠艦在隨後的威海衛海戰受損進水又遭受重圍，丁汝昌下令擊沉定遠、靖遠等艦，以免資敵，他也自殺殉國。

陳耀昌原著、曹瑞原執導的公視旗艦大戲《斯卡羅》，西元二〇二一年播出之後引起各界對原住民歷史真相的重視。能讓原住民史觀獲得更多正視，都是好事。悲情的是，臺灣還有太多被忽略的原住民歷史。

臺東縣的海端鄉，平均海拔超過了一千多公尺。海端，是由布農族語翻譯簡化而來，原意是「三面被山圍繞、一面敞開的盆地」。

海端鄉的霧鹿部落，有一群布農族人，他們的祖先在許多年以前從南投山區遷來，發現此地有鹿群等許多獵物，所以決定在此定居。霧鹿二字，來自於布農族語的「卜鹿卜鹿」，意思是「有水源從地底下冒出來的聲音」。

本來是世外桃源的霧鹿，終究也進入世界舞臺。在人跡罕至的關山越嶺古道旁，居然有兩尊充滿歲月滄桑感的古炮，見證了百年來的世界變遷，以及臺灣原住民的命運。

位於霧鹿的古炮，又被稱為霧鹿古炮。雖然以霧鹿為名，古炮卻不屬於霧鹿，而是用來震懾霧鹿的原住民。除了霧鹿，八通關也有古炮。

漢人出現之後，為了管理後山，在清朝光緒元年、西元一八七五年由總兵吳光亮負責修建了八通關古道，這是清朝用以橫貫臺灣東西部的三條道路之一，也是目前碩果僅存的一條。

近年來走訪古道成為熱潮，知道八通關古道的人因此增加許多，於是讓八通關古炮再次受到世人的注意。

古炮會出現在八通關，正好成為日本接管臺灣之後推行「理蕃政策」的象徵。日治時期總督府積極收繳原住民的武器，讓各地原住民因為不便打獵而深感不滿，加上平常跟警察之間的摩擦，激起了一連串的血腥衝突。

大正三年、西元一九一四年發生在台東的「霧鹿事件」，是山地原住民抗日運動的一環。雙方各犧牲了數十條性命之後，表面上事件好像告一段落，但是實際上仍然暗潮洶湧，充滿緊張。

霧鹿事件後，總督府為了貫徹「理蕃政策」，決定重新打通八通關古道，在大正八年、西元一九一九年正式動工，全線於大正十年、西元一九二一年完工。

大正十四年、西元一九二六年，總督府興建關山越嶺道，在昭和六年、西元一九三一年完工，設有多處炮臺。

在這段期間，臺灣原住民一直持續反抗日本的統治，其中最為知名的就是昭和五年、西元一九三〇年發生在南投的「霧社事件」。魏德聖執導的史詩級悲壯電影《賽德克・巴萊》，就是根據這段歷史改編。

霧社事件雖然遭到日軍出動重武器強力鎮壓，卻沒有能讓原住民乖乖順服。

到了昭和七年、西元一九三二年，又發生了原住民抗日的「大關山事件」，布農族再次武裝反抗。總督府在先前運了好幾尊大炮上山，直接展現武力，恫嚇布農族等各地的原住民，成效不如預期。

這批大炮的來頭不小，是先前日俄戰爭時，俄羅斯帝國在西伯利亞最新生產的武器，結果還是戰敗，不但帝國崩解，大炮等武器也被日本擄獲。

西元一九〇四年到一九〇五年發生的日俄戰爭，促成俄羅斯帝國遭到革命推翻，最後蘇聯興起，成為二十世紀的重大關鍵事件之一。位於花東古道的這些俄羅斯大炮，在昭和年間來到臺灣，正是要讓總督府可以向原住民展現當時日本的強大。

從路程來看，這批大炮旅行了將近一萬公里，才從原產地來到臺灣，從此在花東山區古道定居，成為臺灣的一分子。同型號的這款俄羅斯大炮，有多門運來臺灣，除了八通關古道與霧鹿部落之外，先前在臺北市的新公園（現在改名二二八公園）也有一門。

從歷史來看，這幾尊大炮經歷過沙皇的俄羅斯時期、參與過日俄戰爭、見證了俄羅斯帝國的終結、曾經成為日本皇軍的武器，後來又來到臺灣幫助日本總督府以武力貫徹理蕃政策。

隨著二次世界大戰日本戰敗並且撤出臺灣，大炮繼續留在花東深山裡的八通關古道與霧鹿部落，成為具有歷史意義的景點。

相較於古炮的身世不難追查，霧鹿事件與大關山事件的真相到底是什麼？直到今天都還沒有完全釐清。尤其是霧鹿事件，楊淑媛博士訪談發現，布農族人的記憶是日本人設了陷阱，發動對布農族的「大屠殺」；但是參照日本的記載，卻是日本人保護了布農族，以免布農族被其他原住民族殺害。

一個事件，雙方說法居然南轅北轍，是有人想要刻意掩蓋事實真相嗎？在歷史謎團的背後，充滿了待解的玄機。

古炮的存在，宛如「紀念碑」，讓布農族人藉以呼籲大家記取教訓、和平相處、互相尊重。在此同時，更是提醒世人不要忘記繼續追查歷史的真相。

多年前歷經波濤洶湧抵達蘭嶼，上岸不久就聽說颱風正在逼近，海運可能全面停止。

當時年輕，一心掛念延誤上班，竟不懂得好好欣賞當地的自然生態，也沒見到傳說中的蘭嶼角鴞。後來漸漸知道，這趟錯過的不只是角鴞而已，還有保育類的珠光鳳蝶等太多奇珍異寶。

跋涉三百多公里來到蘭嶼卻一再錯過，粗疏如我，這或許不足為奇。但是一百多年前從日本跨越兩千多公里來臺研究動物的第一位專家竟然也錯過了，那就不免令人訝異。

當年去蘭嶼，只注意觀察達悟族原住民的生活風俗，還不知道早在四千年前的繩紋紅陶時期，已經有人從臺灣來往蘭嶼。這是中央研究院院士臧振華的考古研究發現。

在繩紋紅陶文化的兩千多年之後，因為大航海時代到來，荷蘭人在西元一六二四年來到臺灣，過了二十年，在西元一六四四年開始登陸蘭嶼探勘，留下了目前已知的蘭嶼最早記載。清朝的巡臺御史黃叔璥從康熙六十一年、西元一七二二年開始寫作的《臺海使槎錄》，提到「紅頭嶼，皆生番聚處，不入版圖」。紅頭嶼就是今天的蘭嶼。黃叔璥在書中還記載了漢人與蘭嶼達悟族之間的糾紛：「昔年臺人利其金，私與貿易；因言語不諳，臺人殺番奪金。後復邀瑯嶠番同往，紅頭嶼番盡殺之；今則無人敢至其地矣。」光緒三年、西元一八七七年，恆春首任知縣周有基把紅頭嶼（今稱蘭嶼）納入了版圖。蘭嶼一直沒有受到清廷的實質統治，直到割臺後日本的行政機構才因為一起國際糾紛而深入蘭嶼。

對臺灣自然生態的研究，在清朝時期已經有人投入，但是真正廣泛而且深入的研究，還是以日治時期為主。其中，伊能嘉矩、鳥居龍藏、以及森丑之助這幾位最常被提起。

伊能嘉矩是總督府官員，鳥居龍藏是東京帝國大學派遣的研究員，而森丑之助則是聘僱的嚮導兼翻譯，但也自有調查成就。這三位主要研究的都是人類學。

回顧歷史，日本接收臺灣之後，為了徹底掌握這片土地，總督府特地找東京帝國大學協助，在明治二十九年、西元一八九六年請來人類學、動物學、植物學、以及地質學四門學科專家，到臺灣展開全面的調查。鳥居龍藏先前是東京帝國大學標本室管理員，來臺時才二十六歲，已經在研究上嶄露頭角，他的生平多有記載，廣為人知。

比較神祕的是負責動物學調查研究的多田綱輔（Tsunasuke Tada），他先前也任職於東京帝國大學標本室，明治二十九年、西元一八九六年八月抵臺，隔年十二月離開臺灣。短短一年四個月，足跡遍及臺北、高雄、宜蘭、花蓮、臺東，還包括外島的澎湖與蘭嶼。

多田綱輔對臺灣動物的調查相當廣泛，針對來臺之行寫下許多記載，前後匯集成五篇遊記、三篇動物研究的調查報告，其中，在明治三十二年、西元一八九九年出版的《台灣鳥類一斑》，記載了一九六種鳥類的分佈及習性，奠定了臺灣鳥類研究的基礎。多田綱輔的用功與效率，真是不容易。

多田綱輔被稱為日本在臺研究動物的第一人，臺灣的生態研究者至今還會提到他的大名。多數都是讚嘆，但是也有例外，這就是他對於蘭嶼蝴蝶的觀察。

知名作家吳明益在《蝶道》一書談及蘭嶼的蝴蝶時，引用了吳永華《被遺忘的日籍動物學者》的著作，提及多田綱輔在蘭嶼（當時叫紅頭嶼）的蝴蝶觀察——多田綱輔認為，蘭嶼的「昆蟲的種類很少，特別是蝶類最稀少」。對於多田綱輔這樣描述蘭嶼的蝴蝶，以蝴蝶為文學主題的吳明益覺得「令人驚訝」，因為蘭嶼的蝴蝶非常多，還有獨特的珠光鳳蝶。

多田綱輔為什麼忽略了蘭嶼的蝴蝶？吳明益猜想，可能是多田綱輔在蘭嶼的時間不夠長，又遇到下雨。

多田綱輔跟蘭嶼蝴蝶之間存在什麼誤會，恐怕只有他自己知道答案。但是謎團不只這點而已。多田綱輔為什麼會被吳永華列為「被遺忘的日籍動物學者」？又是誰遺忘了他？是臺灣人忘了他嗎？

上網一查，可以找到一些對多田綱輔的中文網頁記載，主要是來臺的調查研究成果，而且都註明「生卒年不詳」，彷彿這位日本動物學家的一生，竟只有在臺灣的經歷，實在不合理。

在這種網路時代，透過搜尋引擎可以找到許多資料。照理說，這麼一位曾經在東京帝國大學服務、又出書有成的動物研究先驅，應該可以在日文網頁找到不少相關資料。

結果讓人太意外。

輾轉請莊伯仲教授協助，透過來臺多年的資深日籍媒體人本田善彥幫忙搜尋，他說沒聽過多田綱輔的大名，或許是因為學者只在特定的學術領域很有名，接著熱心協助用日文去搜尋網路，結果在日本國會圖書館的網站，找到了多田綱輔寫的《台灣鳥類一斑》全文掃描書，以及多田綱輔與他人合著，在大正十一年、西元一九二二年出版的《植物綱要》等紙本舊書，除此之外，就找不到其他具有參考價值的網路資料了。

曾經來臺灣一年四個月，後來陸續出版了幾本動植物的書籍，「日本在臺研究動物第一人」多田綱輔的一生，竟然只能找到這些資料，其他彷彿都是謎，在網路上找不到更多資料了，連生卒年都不詳，真是難以理解。

比較中文、日文的搜尋結果，中文資料竟然還多一些，由此可見，臺灣人相當念舊，沒有遺忘這位「日本在臺研究動物第一人」。想更認識多田綱輔，只好期待熟悉這位日本動植物前輩學者的親友多分享了。

小琉球原住民慘遭滅絕的沉冤

美國好萊塢史詩科幻電影《阿凡達》，劇情是未來地球人的星際拓荒，以及與外星原住民和平共處的故事。西元二〇〇九年上映時轟動全球，製作成本不到三億美元，票房卻將近三十億美元。

儘管票房炫麗，也有影評說《阿凡達》本質上就是美國拓荒片，只是穿上了科幻的新外衣，加上高度擬真的動畫技術，創造十足的視覺饗宴。

在電影中，地球人拓荒時努力與外星原住民「納美人」（Na'vi）共存，甚至還譜出跨星球的浪漫戀曲。但是真實的西方拓荒史卻殘忍無比，幾乎都是拓荒強權對原住民文化、甚至種族的無情輾壓，包括西班牙人在十六世紀摧毀馬雅文明，以及西方人從十七世紀開始屠殺的印地安人推估超過千萬人。

在臺灣東港西南外海約十五公里的小琉球，面積只有六點八平方公里，卻曾經發生過原住民種族滅絕的慘劇。西元一六三六年，尼德蘭人（俗稱荷蘭人）刻意完全肅清居住在小琉球上的一千多名原住民，使其族群、文化永遠消失。巧合的是，原住民對於自己居住的小琉球島是稱呼為「拉美」（Lamey），其發音近似電影《阿凡達》的「納美人」。

這段悲慘無比的小琉球原住民血淚史，一直深埋在歷史中，不被世人知曉，直到西元一九九四年臺灣歷史學者曹永和發表研究報告，才使當年慘案真相大白，這時已經事隔三五八年。

慘案得以重見天日，有其獨特的歷史背景。西方國家在大航海時代的拓荒，採取國家全權委託公司的方式去執行，英國在西元一六〇〇年創立其東印度公司，尼德蘭也在西元一六〇二年創立其東印度公司。

因為經營的需要，尼德蘭東印度公司責成各地總督必須詳記殖民地的各種資料與數據，荷蘭人在西元一六二四年來臺，歷任行政長官留下的《熱蘭遮城日誌》足足有四大冊，忠實記下了這段歷史。

西元一九九七年，尼德蘭中央檔案館委託曾到臺灣留學的史學家包樂史（Blussé）主持校譯，他邀請臺灣的曹永和及日本學者合作。校譯《熱蘭遮城日誌》的工作歷經二十年，直到西元一九九九年才完成。其間，曹永和和包樂史在西元一九九四年聯合發表〈小琉球原住民的消失——重拾失落臺灣歷史之一頁〉。

這次的研究發表指出，西元一六三六年六月二日《熱蘭遮城日記》記載：小琉球全島大概一千名人口，被消滅了大約五百名（有三百人以上是困在山洞中被放火及煙燻而死），抓走四八三名（男一三四名，女一五七名，小孩一九二名）。

尼德蘭人後來陸續補殺殘存的小琉球原住民，堅決「遷民墟地」政策。最後一次是在西元一六四四年找到小琉球還有十五名居民，距離慘劇已經八年，這十五人還是不能成為全族的復興希望，又全部抓走。從此之後，小琉球島上再也沒有發現本來的原住民。

《熱蘭遮城日記》西元一六四九年的統計數據如下：總計一一一九名，發配巴達維亞一九一名，分配新港社四八二名，被該國收養的兒童二十四名，以上生存者計六九七名；死亡者四〇五名。西元一六四四年又抓到十七名。

《熱蘭遮城日記》對於小琉球上人數的統計有不同版本，略有出入，但結局都一樣，小琉球原住民全部被肅清。

小琉球原住民如同雲煙被風吹散般消失，從此失去原形，儘管他們的後代可能融入其他族群、說不定僥倖開枝散葉而遍及世界，但是他們原本種族與文化究竟如何，卻再也難以知道了。

蔣毓英在康熙二十四年、西元一六八五年修《臺灣府志》提到小琉球：「多出椰子竹木，並無人居」。黃叔璥在康熙六十一年、西元一七二二年定稿的〈番俗六考〉，則提及小琉球「久無番社，……採薪者乘小艇登岸，……結寮而居。」

曹永和教授等人發表的論文則指出，日治時期的《蕃族慣習調查報告書》第五卷第一冊記載，曾在西元一九一三年以及一九一七年至一九一八年之間訪談下排灣族進行原住民研究，當地傳說有稱小琉球原住民「狀貌與我們排灣族沒有兩樣」，也有稱「外表不大一樣」。可惜的是，此一訪談距離小琉球島上的原住民消失已經兩百多年，而且直接相關的內容非常簡略又互有出入，幫助恐怕相當有限。

小琉球島上的原住民到底屬於何種族？曹永和教授等人的論文推論：「似應是屬於 Siraya（西拉雅）族的 Makatau 一支族」，實情是否如此，仍有待繼續研究。至於其文化、社會與政治制度是否自有特色，恐怕再也難有確切的答案。

後記

寫完十多萬字的《穿越臺灣趣歷史》，好像真能回到過去看見什麼，但說來慚愧，我連父親的人生旅程都所知甚少。印象中，父親幾乎不談論往事，他在我讀國中時過世。直到如今，我仍經常幻想穿越回到過去，看一看父親的早年歲月。

生在臺灣、活在臺灣，當然應該多知道臺灣這塊土地的歷史，更應該知道自己家人與家族的歷史。

很多人理所當然以為孩子一定清楚爸媽的生平故事，也知道爺爺奶奶的過往。真的是這樣嗎？

父母出生在什麼地方、有過什麼遷移、歷經什麼大事，子女豈可不知？同理，祖父母出生在什麼地方、有過什麼遷移、歷經什麼大事？子孫們也該知道。

曾經請學生對他們的祖輩進行口述歷史，結果發現很多人其實對爺爺奶奶的生平所知有限，更不要提再上一層的曾祖父母了。

在《樂觀就會成功》一書，我寫下父母親與自己的故事，也伴隨著腳底下土地的變遷。

自己當了父親之後，從雙胞胎女兒兩歲開始為她們說睡前故事，剛開始說的是童話故事，過了幾個月，熟悉的童話故事講完了，要另外找新的故事。有一天忘了準備，於是改說《樂觀就會成功》裡自己寫的生平故事，意外發現孩子更喜歡聽跟父親有關的真實人生，而且還會追問結果或是細節。

書中寫下的故事都說完了，就繼續回想更多的往事，一講十年，直到小孩十二歲才停止。每天晚上都跟她們分享自己與父母的真實人生點滴，這不只成了親子間睡前的溫馨分享時刻，也讓我可以重新回想、進而重新追尋家族事蹟，包括從戶籍謄本、從父親的老家族譜、從母親家族在灣潭的祖墳，再去追尋許多自己原本也不清楚、甚至完全不知道的家族史。

西元二〇二一年，因為重新仔細閱讀了日治時期的戶籍謄本（裡面的內容是日文寫的毛筆字），才發現母親居然是養女。

在此之前，從來沒有聽母親或是任何人提過這件事。家人還質疑是不是對文字的理解有誤會。後來確認無誤。或許，母親自己也未必知道，因為收養她的是親舅舅，她年幼時舅舅已經過世，實際上一直是跟親生母親一起生活。

只是為什麼是安排母親被收養？母親的舅舅無後，如果是為了延續香火，母親還有兄弟及姊妹多人，為什麼不是依照習俗安排男丁過繼？有太多謎團，可惜母親往生已久，比她年長的家族長輩更是早就不在了，真相再也無從追問。

認識歷史應該從家庭史出發，聚集每一個臺灣家庭的歷史，並且從腳下土地的變遷開始關懷，這才是具有草根性而不受意識形態左右的真歷史。

本書掛一漏萬，期盼拋磚引玉，眾人一起耕耘，重現臺灣的真歷史。

HISTORY 72

穿越臺灣趣歷史：從猛瑪象到斯卡羅，考古最在地的臺灣史

作　者—賴祥蔚
主　編—謝翠鈺
企劃主任—賴彥綾
封面設計—兒日設計
美術編輯—SHRTING WU、趙小芳

董 事 長—趙政岷
出 版 者—時報文化出版企業股份有限公司
108019台北市和平西路三段二四〇號七樓
發行專線—（〇二）二三〇六六八四二
讀者服務專線—〇八〇〇二三一七〇五
（〇二）二三〇四七一〇三
讀者服務傳真—（〇二）二三〇四六八五八
郵撥—一九三四四七二四時報文化出版公司
信箱—一〇八九九　台北華江橋郵局第九九信箱
時報悅讀網—http://www.readingtimes.com.tw
法律顧問—理律法律事務所　陳長文律師、李念祖律師
印　刷—勁達印刷有限公司
初版一刷—二〇二一年十一月十九日
初版四刷—二〇二三年七月四日
定　價—新台幣三八〇元
（缺頁或破損的書，請寄回更換）

時報文化出版公司成立於一九七五年，
並於一九九九年股票上櫃公開發行，於二〇〇八年脫離中時集團非屬旺中，
以「尊重智慧與創意的文化事業」為信念。

穿越臺灣趣歷史 : 從猛瑪象到斯卡羅 , 考古最在地的臺灣史 /
賴祥蔚作 . -- 初版 . -- 臺北市 : 時報文化 , 2021.11
面 ;　公分 . -- (History ; 72)

ISBN 978-957-13-9646-0(平裝)
1. 臺灣史　2. 歷史故事

733.21　　110018042

ISBN 978-957-13-9646-0
Printed in Taiwan